INFORMATION
TECHNOLOGY

电视台信息技术体系
建设进程和发展方向研究

毕江　王立冬　李程　田迎冬　张宁　著

清華大学出版社
北　京

内 容 简 介

电视台信息技术体系建设是一个长期、复杂的命题。信息系统自20世纪90年代末开始建设，迄今已20年有余，期间历经从简单组网、竖井式架构到云平台架构的多次技术升级，现已成为承载电视制播、办公管理、新媒体应用的核心业务支撑平台。

本书以电视台信息技术体系建设与发展为研究对象，以北京电视台信息系统及其运转、管理为参考案例，回顾电视台信息技术体系建设进程，分析应用场景、系统架构和技术特征，讨论未来发展思路和方向，探寻电视台信息技术体系演进的内在逻辑及其因果关系。

图书在版编目(CIP)数据

电视台信息技术体系建设进程和发展方向研究/毕江等著.—北京：清华大学出版社，2020.5

ISBN 978-7-302-55533-9

Ⅰ.①电…　Ⅱ.①毕…　Ⅲ.①信息技术—应用—电视台—电视工作—研究—北京　Ⅳ.①G229.271-39

中国版本图书馆CIP数据核字(2020)第086053号

责任编辑：龙启铭
封面设计：何凤霞
责任校对：梁　毅
责任印制：丛怀宇

出版发行：清华大学出版社
网　　址：http://www.tup.com.cn，http://www.wqbook.com
地　　址：北京清华大学学研大厦A座　**邮　　编**：100084
社 总 机：010-62770175　**邮　　购**：010-83470235
投稿与读者服务：010-62776969，c-service@tup.tsinghua.edu.cn
质量反馈：010-62772015，zhiliang@tup.tsinghua.edu.cn
课件下载：http://www.tup.com.cn，010-83470236
印 装 者：三河市铭诚印务有限公司
经　　销：全国新华书店
开　　本：145mm×210mm　**印　　张**：7.625　**字　　数**：192千字
版　　次：2020年7月第1版　**印　　次**：2020年7月第1次印刷
定　　价：49.00元

产品编号：086390-01

毕江，现任北京电视台副总工程师，具有行业影响力的资深技术专家，教授级高级工程师，中宣部全国宣传文化系统“四个一批”人才，享受国务院特殊津贴。致力于研究、实践电视节目制播核心业务的信息化，富有广电媒体信息系统规划、建设和管理、维护经验。主持过多个与技术管理、系统运维、信息安全相关的科研项目并取得良好应用效果，先后发表技术论文40余篇、合计超过30万字，多次获得国家广播电视总局、中国电影电视技术学会、中国新闻技术工作者联合会相关奖项。

王立冬，硕士研究生学历，教授级高级工程师，现任北京电视台播出部副主任。获“国家广电总局全国播控系统技术能手竞赛第一名”，人力资源和社会保障部“全国技术能手”称号，“中国电影电视技术学会科学技术杰出人才奖”，“全国杰出广播影视科技工作者”荣誉称号，“北京市先进工作者”。曾在北京电视台播出部、网管部、总工办多个技术部门从事电视技术系统安播保障、技术规划、系统建设及改造、运行维护及技术管理工作。多次承担电视技术系统数字化、网络化、高清化改造及新技术系统项目建设，参加国家广电总局多项科研任务及标准化工作。曾获得国家广播电视总局、中国电影电视技术学会、中国新闻技术联合会王选新闻科技奖等多个奖项。

李程，从事广播电视技术工作26年，现任北京电视台信息网络管理部副主任。深耕于广播电视网络及信息化，曾参与北京电

视台图文电视、北京电视台城域数据网、北京电视台新大楼信息化、北京电视台 IPTV 及新媒体平台、北京电视台智慧媒体等重大项目建设,并多次获得国家广播电影电视总局、中国电影电视技术学会、中国新闻技术联合会科技奖等奖项,对电视台 IT 技术体系发展进程具有深入了解和独到见解。

田迎冬,北京电视台信息网络管理部工程师,从事广播电视技术工作 13 年,曾任央视多哈亚运会后场及长春电视台长春亚冬会前场技术系统保障负责人,参与完成央视体育网、上海文广中心媒资、北京电视台台标、高清制播网等多个大型项目建设及运维工作并担任技术骨干,对电视台 IT 系统发展进程有着深入了解。

张宁,工程师,现供职于北京电视台总工程师办公室,从事项目管理、技术发展追踪调研工作。曾参与完成《北京电视台“十三五”规划》编撰任务,参与完成北京电视台智慧媒体项目、融合新闻业务系统、融合媒体生产云、制播全面高清化、超高清技术系统等大型项目建设,担任前期规划和项目管理工作,参与广播电视信息系统运维、电视台网络安全监测等领域的研究,并作为项目参与者获得“王选新闻科学技术奖”“新闻科技优秀论文奖”等奖项。

前 言

中国互联网络信息中心（CNNIC）发布的第 44 次《中国互联网络发展状况统计报告》显示：截至 2019 年 6 月，我国网民规模达 8.54 亿，较 2018 年增长 2598 万；互联网普及率达 61.2%，较 2018 年提升 1.6 个百分点；手机网民规模达 8.47 亿，较 2018 年增长 2984 万；网民使用手机上网的比例达 99.1%，较 2018 年提升 0.5 个百分点。同时，我国网民使用电视上网的比例为 33.1%，使用台式计算机上网、笔记本电脑上网、平板电脑上网的比例分别为 46.2%、36.1%、28.3%；网络新闻用户规模达 6.86 亿，较 2018 年增长 1114 万，占网民整体的 80.3%；手机网络新闻用户规模达 6.60 亿，较 2018 年增长 734 万，占手机网民的 78.0%；网络视频用户规模达 7.59 亿，较 2018 年增长 3391 万，占网民整体的 88.8%，其中短视频用户规模为 6.48 亿，占网民整体的 75.8%。上述一系列数据，毫无争议地反映出当前网络、视频、媒体的迅猛发展态势。

以习近平同志为核心的党中央坚持从发展中国特色社会主义、实现中华民族伟大复兴中国梦的战略高度，系统部署和全面推进网络安全和信息化工作。习近平总书记多次就网络信息安全工作发表重要讲话，提出一系列重要思想和重大举措。党的十九大报告对做好网络安全和信息化工作提出了新要求。我国互联网发展和治理不断开创新局面，网络空间日渐清朗，信息化成果惠及亿万人民，网络安全保障能力不断增强，网络空间命运共同体主张获得国际社会广泛认同。

在媒体行业,信息技术的日新月异，推动了新兴媒体大量涌现，深刻改变了媒体格局和舆论生态。新的信息传播渠道和文化娱乐方式不断涌现，内容产品个性化、分众化、高品质化成为潮流，受众需求更趋多元、多变、多样。在电视领域，超高清、虚拟现实等更高体验度的技术逐步走向成熟，现有的标清、高清画质和单向播出收看方式已不能满足观众需求。大量用户开始通过互联网谋求沉浸式体验，通过移动终端实现社交化和移动化的内容消费，这给传统电视业务带来压力和挑战。在此背景下，云计算、大数据、IP 架构数字电视中心等新型基础架构和技术手段的普及，为电视台等主流媒体进一步提升敏捷生产能力、数据支撑能力开辟了新的空间。传统电视节目形态不断推陈出新，全媒体应用、迅捷与深度编辑、直播等需求日益增长，对业务生产系统的灵活性、易用性提出了全新的要求。演播室高清化、全媒体化诉求强烈。融合媒体转型，要求传统电视制播业务和新媒体业务实现协同运转、数据共享，同时不断提升内容汇聚、生产和分发环节的数据支撑能力和智能化水平，促进技术体系从支撑保障转向引领驱动业务转型升级。

党的十八大以来，以习近平同志为核心的党中央高度重视宣传及文化工作，就深化文化体制改革、推进媒体融合发展、构建现代公共文化服务体系、推进三网融合、实施宽带中国战略、开展“互联网+”行动计划等做出了一系列重大部署。广电总局“十三五”规划及工作要点讲话中提出，要全面提升广电融合媒体服务能力。面向用户“任何时间、任何地点、任何终端”享受广播电视融合媒体服务的需求，积极推动有线网络、直播卫星、网络广播电视台以及IPTV、互联网电视、手机电视集成播控平台等运营机构建设融合媒体服务云平台；积极创新融合媒体生产、传输、服务和管理模式，推动广电融合媒体服务云与制播云的协同联动、融合创新，共同构建广电媒体云，促进广播电视行业服务的升级转型。融合、服务、云这些意义非凡的关键词，都对电视台信息化发展提出了新的需求和挑战。

本书以电视台信息技术体系建设与发展为研究对象，以北京电视台信息系统及其运转、管理为参考案例，回顾电视台信息技术体系建设进程，分析应用场景、系统架构和技术特征，探讨未来发展思路和方向，探寻电视台信息技术体系演进的内在逻辑及其因果关系。

电视台信息技术体系建设是一个长期、复杂的命题。信息系统建设自20世纪90年代末起步，迄今已20年有余，期间历经从简单组网、竖井式架构到云平台架构等的多次技术升级，现已成为承载电视制播、办公管理、新媒体应用的核心业务支撑平台。现实工作中，信息系统建设需充分考虑业务、技术、管理、运维、安全等各方面需求，密切适配电视台发展战略、组织架构以及资源状况。各级电视台立足自身特点开展项目建设，技术系统建设成本、规模、技术路线呈现明显差异。面对上述情况，研究者很难直接通过量化分析得出必然性结论。与此同时，信息技术体系建设并非全无规律可循。电视台技术系统建设与信息化发展阶段基本匹配。从行业角度来看，信息化推广过程由点及面，以局部案例带动普及应用。新型技术架构、功能设计、运行模式在个别单位获得验证后，极易产生示范效应，经适配调整后可以在不同电视台生根发芽、开花结果。

基于研究对象特点和属性，本书拟采取案例法开展研究。以北京电视台信息技术体系建设为典型案例，以新台址大规模信息系统建设和信息化进程的正式启动为起点，论述其建设进程、当前态势以及发展方向。通过对演进过程的回顾和发展路径的展望，从技术基础、业务应用、技术管理、系统运维、网络安全等五个维度，信息化、融合化、服务化、体系化、数据化、智能化等六个方向，阐述新形势下电视台信息技术体系的发展之路。

北京电视台是国内具有典型性、代表性的省级电视台，其信息化建设成果在全国范围内产生了显著示范效应。北京电视台信息化建设始于 20 世纪 90 年代中期，当时只是部分技术工作区域实现小规模局域网办公。2003 年，进行了第一次规模化办公管理网络建设，入网终端接近 400 台，并建成少量业务管理系统。同一时期，新闻网和少量制作岛开始陆续投入使用。2008 年，伴随北京电视台新大楼建设，形成了覆盖制播生产、办公管理及新媒体平台的全台网，并在近年来以节目制播为主线，不断扩容升级。2009—2011 年，北京电视台高清晰度节目制播系统改造，从以标清为主的状态，转变为以高清为主、高标清兼容，以固网为主转变为固网、无线并举，着眼于向全媒体业务支持方向发展。2009 年 9 月 28 日，北京电视台与中央电视台、上海东方电视台等九家电视台在国内第一批实现上星频道的高标清同播，确立了在广电行业高清化、网络化初期的领先地位。如今，北京电视台在节目生产能力、技术发展水平等方面均在省级电视台中处于第一集团,成为中国具有影响力和竞争力的主流媒体。

目前，北京电视台信息技术系统及其运转、管理已经在整个技术体系中占据了主导地位，初步形成了节目生产、办公管理和新媒体应用等三个主体功能域独立运行、区域互联、业务交织的态势。总体而言，该体系处于大规模建设和改造之后的成熟稳定期，同时新的升级和发展需求正在酝酿形成。

本书分为建设进程回顾、现状分析说明、发展方向研究等 3 章。第 1 章回顾北京电视台信息系统建设过程；第 2 章梳理现有系统特征，分析当前痛点问题；第 3 章提出总体发展思路与方向，介绍现阶段探索尝试情况，展望未来前景和即将面临的挑战。

本书以《北京电视台信息技术系统检测评估报告》以及《北京电视台“十三五”时期技术发展规划》摘要、《制播网运维服务管理白皮书》摘要、《电视台网络安全监测系统建设技术白皮书》摘要三个文档摘要作为附录。其中《北京电视台信息技术系统检测评估报告》梳理汇总了北京电视台实践案例中信息系统发展的相关数据统计分析结果，由国家广播电视总局广播电视规划院出具，可以作为本书主要观点的数据依据；三个文档摘要则是北京电视台实践过程中的相关研究成果，正文中存在较多的引用。

此外，本书编撰过程中，还参考了一批国家政策文件、指导性标准、社会化研究机构科研成果以及北京电视台自主研究成果，其中包括：

- 《国家信息化发展战略纲要》，中共中央办公厅，国务院办公厅，2017；
- 《促进大数据发展行动纲要》，中共中央办公厅，国务院办公厅，2015；
- 《关于加快高速宽带网络建设推进网络提速降费的指导意见》，国务院，2015；
- 《电子信息产业调整和振兴规划》，国务院，2010；
- 《电视台数字化网络化建设白皮书》，国家广播电影电视总局，2007；

- 《新闻出版广播影视"十三五"科技发展规划》，国家广播电影电视总局，2017；
- 《国家网络空间安全战略》，国家互联网信息办公室，2016；
- 《中国桌面云标准化白皮书》，工业和信息化部信息化和软件服务业司，中国开源云联盟桌面云工作组，2016；
- 《中国互联网络发展状况统计报告》（第44次），中国互联网络信息中心，2019；
- 《中国SOA标准体系研究报告》，中国电子技术标准化研究院，2014；
- 《云计算白皮书》，中国信通院，2019；
- 省级以上电视台网络安全监测需求研究（总局研究项目，北京电视台牵头），国家广播电视总局，北京电视台，2016；
- 省级以上电视台信息安全监测系统模型设计方案（总局研究项目，北京电视台牵头），国家广播电视总局，北京电视台，2016；
- 《台网融合架构下的北京电视台新媒体平台》（内部文献），北京电视台，2015；
- 《北京电视台融合新闻业务系统可行性研究报告》（内部文献），北京电视台，2017；
- 《北京电视台"十三五"期间技术发展规划》（内部文献），北京电视台，2017；
- 《北京电视台新台址网络化节目制播体系项目总结》（内部文献），北京电视台，2009。

目　录

第1章 建设进程回顾

从2007年开始大北窑台址(以下简称新址)技术系统建设以来,北京电视台信息技术体系的建设和发展经历了从无到有、自小至大、由粗而精的过程。从系统属性和项目推进角度出发,大致可以分为标清制播网络建设、制播网络高清化改造、办公管理网络建设、新媒体应用网络建设四个阶段,彼此之间既有时间交叠,也有目标传承。

从时间跨度上来看,2015年以前,按照制播业务网络(标清制播网络建设、制播网络高清化改造)、办公管理网络、新媒体应用网络分类并行建设,互有交叠;在2015年1月以后,系统建设三线合一,汇聚、整合为融合媒体建设阶段,如图1-1所示。标清制播网络建设、制播网络高清化改造的对象都是制播业务网络,前者开始于2007年,并以2009年年初新址技术系统投入正式使用为关键节点,后者则是在前者基础上进行系统改造并推动应用深入,时间周期从2009年年底持续到2013年;办公管理网络建设基本上覆盖了制播业务网络建设和改造的完整周期,属于行政办公和业务管理性质,投入规模相对有限,发展速度相对缓慢;新媒体应用网络建设顺应行业三网融合趋势,以新媒体网站、IPTV集成播控平台、移动APP和微信、微博矩阵作为新兴应用支撑,可以视为媒体融合的发轫和开端；融合媒体应用建设则响应 2014 年 8 月党中央关于传统媒体和新兴媒体融合发展的号召，从融合角度对新兴媒体应用及其技术支撑进行优化，同时对传统制播业务网络进行新媒体元素融入，目前已经由尝试探索逐步演进到深化完善阶段。

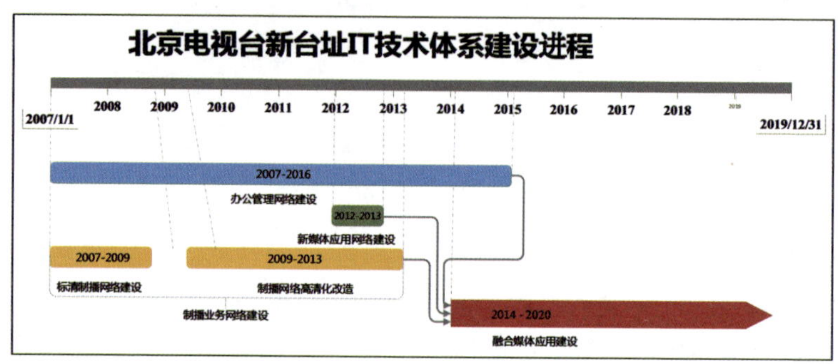

图 1-1　北京电视台新台址信息技术体系建设进程示意图

本章各节将以上述系统建设、改造、优化、完善过程为线索，详述北京电视台信息技术体系的发展进程，通过阶段概述和特征总结，为后续章节的展开分析和归纳提炼奠定基础。

1.1　标清制播网络建设

1.1.1　概述

北京电视台新台址标清制播网络体系(以下简称标清制播网络系统)以数字化为基础，以网络化为核心，在“采、编、播、存、管”的整个电视工艺流程中，实现“前期数字化、编辑制作网络化、播出硬盘化、存储数据化、管理科学化”的五大目标建设。

如图 1-2 所示，系统从设计功能上涵盖了所有台内生产工作流程，包括演播室录制和播出、内容采集、后期编辑、文稿处理、总编

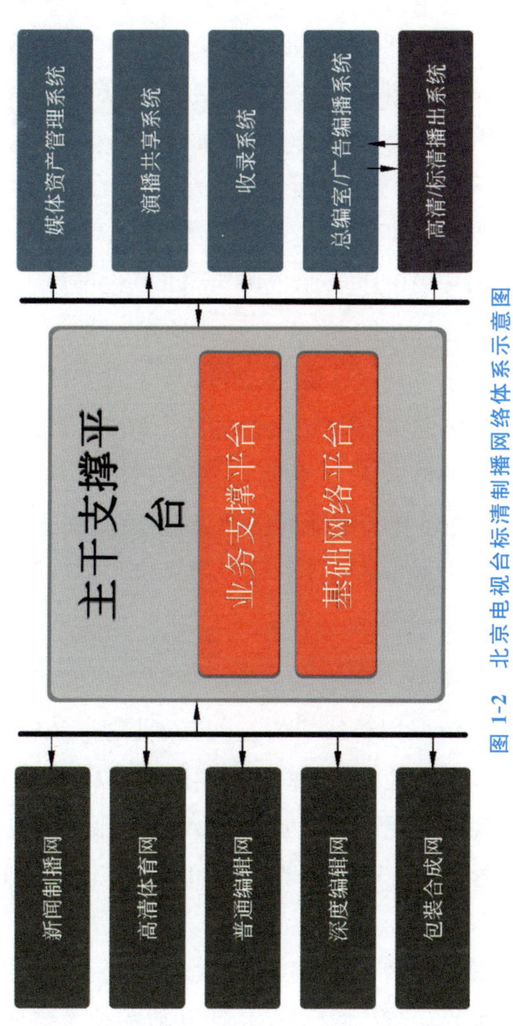

图 1-2　北京电视台标清制播网络体系示意图

室节目编排、数据存储和媒体生产管理等诸多环节；业务范围包括主干业务系统和新闻制播网、体育制播网、普通编辑网、深度编辑网、包装合成网、演播共享系统、收录系统、媒体资产管理系统、总编室/编播系统等应用业务系统。通过对节目生产场景和模式的科学、合理、高效的规划设计，突出其网络化、流程化特征，增强其可控性和自动化程度，从而在技术层面提高系统运行、管理、维护和使用的水平，同时在应用层面保证业务运行的稳定性、高效性和不间断性，真正发挥出网络化应有的优势。

项目于 2004 年 10 月启动，2007 年 11 月进场施工，2008 年 12 月完成系统安装调试，2009 年 1 月开始第一期试播工作，包括 BTV 科教、影视、青少等三个频道；2009 年 4 月 1 日开始第二期试播工作，包括 BTV 北京、体育、文艺等三个频道，承载制作栏目约 70 个，使用人数 1000 余人，总体运行态势良好。

北京电视台新址标清制播网络建设过程中，在方案论证、设计深化、流程设置、功能细化等各个环节都反映和体现了电视台业务需求，具有以下技术关键点。

1. 服务调用模式

主干业务系统采用总线式的互连互通模型，各应用业务系统保持完整的运行独立性，在此基础上按照统一标准接入总线并根据总线制定的规则实现业务交互。SOA 即是服务驱动型架构，它规范了在分布异构环境下服务请求者和服务提供者之间信息交互的原则，提供了松耦合、实现位置透明、协议无关的应用环境。在应用业务系统增加的情况下，主干总线复杂度不会相应提高。总线采用台内通用的互连互通标准、透明开放的技术实现形式，适合在多个不同技术架构和系统集成商的应用系统之间实现互连互通，较好满足了节目生产需要不同类型制作系统协同工作的要求。

在此架构下，各业务系统可保持高度的独立性，其安全性、扩展性可得到保证。

2. 数据交换架构

在以太网络架构上采用核心、汇聚、接入三层模型，接入层产生的应用负载通过二层、三层网络协议合理均衡到相应汇聚层、核心层交换设备上，同时提供了设备、链路、路由级别的高可用性。在光纤网络架构上，采用分布、独立、整体扁平化的应用系统内部 FC（Fiber Channel）结构与集中、专用的跨系统 FC 交换通路相结合的模式，既有效满足了应用系统内部大规模数据实时应用的需求，又重点实现了应用系统之间高效、稳定数据交换的关键目标。在此结构下，所有跨系统数据交换可以统一、专门地予以规划和实现，在运行过程中与系统内部数据交换并行进行，互不影响。

3. 层次化数据库体系

采用集中方式与分布方式相结合的全局数据库配置结构。在业务支撑平台中部署各应用业务系统集中共享、高可靠、高性能的核心数据库，在各应用业务系统内部部署工作性质、定位不同的备份数据库。利用各种有效的数据同步机制将核心库中相应的业务数据同步到应用业务系统中，以便在核心数据库无法提供正常服务时发挥应急备份作用。在业务子系统（除播出网络系统）中的工作站与服务器正常情况下，统一访问业务支撑平台的核心数据库，在核心数据库系统出现故障的情况下，直接访问各业务系统的本地数据库。

在软件上采用三层结构实现数据库访问，即用户层、应用层、数据层。三层软件结构把与客户端有关的业务逻辑放在应用层来实现。软件的维护集中在应用层，客户端的维护就相对简单，有利于软件维护及系统管理。应用层将客户端与数据库隔离，客户端无权限直接访问数据库，有利于数据库安全管理。这样可有效防止恶意攻击，还可以利用应用层的安全管理特性进一步加强权限控制管理。中间层的引入有效地解决了网络瓶颈和数据库连接数过多引起数据库性能下降的问题。随着访问量的增加相应增加应用服务器数量，可以有效地解决客户端访问数据层的瓶颈。

4. 业务流程引擎驱动

在节目制播业务流程中，节目从策划到素材采集、编辑、归档、演播、播出、存储、统计和结算等业务环节的主流运行模式均实现了数据化、网络化和流程化。主要工作环节都是由系统根据预先制定好的策略来自动驱动，透明执行，环环相扣，有效减少了因人为拖延和操作失误带来的流程迟缓和中断。网络化运行模式，提供了节目信息资源和系统设备资源的共享机会，使节目生产业务拥有了更广阔的应用舞台，有效降低了技术系统的整体成本；提供了灵活的系统配置方式和强大的思维创造力，适应节目生产业务对灵活性和创造性的实际工作需求；同时还提供了工作流程控制和管理的丰富技术手段及有效机制，提高业务流程的自动化水平和节目生产业务的综合管理水平。

5. 成品节目管理域划分

节目备播域在制播网络系统中是指总编室编播系统，节目备播域的主要管理对象是待播成品节目，资料管理域在制播网络系统中是指媒体资产管理系统，资料管理域的主要管理对象是历史节目资料。由于管理对象的不同性质，对存储、管理和调用机制都产生了不可忽视的差别。除此之外，总编室系统还需要对整个跨系统备播、送播业务流程进行管理，同时涉及节目代码及其属性的管理和应用，这部分与节目播出直接相关的功能是媒资系统需求

范畴之外的。因此,将总编室系统与媒体资产管理系统科学、合理地予以分离,使得双方可以分别根据各自业务特点进行规划设计和实现,有利于资料管理和备播管理这两项电视台重要业务环节的高质、高效运行。

节目播出域在制播网络系统中是指播出系统,总编室系统与播出系统之间具有密不可分的联系,播出系统是以播出稳定性为基本实现原则的,播控软件所能提供的简单节目单编辑功能与总编室系统灵活、强大的节目单编排流程和功能相比是不可同日而语的。另外,节目文件的传递也是一个问题,要让播出系统同时直接面对多个制作系统的播出文件传输请求,是很难全面满足的。因此,将总编室系统节目备播库和播出系统节目待播库设计为上游与下游关系,在运行中如同一个链条中的两个相关环节,是比较适宜的选择。

北京电视台标清制播网络系统通过对节目生产场景网络化、模式流程化的设计,实现了应用业务系统之间的全面互连互通,使整个制播网络融合为一个紧密联系的整体。电视节目制播业务流程在这个逻辑统一体中无阻碍地运行,各应用系统内部和相互之间采用数据文件方式完成节目内容的存储、处理、管理、传输和交换,以无缝、高效的网络化节目制播模式取代了以往离散操作、独立运行的传统生产模式,是北京电视台电视节目规模生产电子化、制播业务网络化的开端。

1.1.2 特征

标清制播网络的目标是,以网络化模式支持标清节目制播业务,实现电视台全台业务网的雏形,初步满足部分电视节目大规模、集约化生产的需要,采用电子化流程驱动节目制作播出业务。

1. 技术

采用基础网络、安全和编辑技术，支持标清节目格式，是电视台第一代信息系统，电视技术与信息技术的结合度有限，信息系统新兴肇始和蓬勃发展阶段，在全台技术体系中与音视频系统呈现简单并存态势。系统整体规模相对较小、子系统数量有限，应用系统内部采用竖井式架构，全局基于 SOA 架构、应用系统之间采用 ESB 总线模式互连互通，系统内部关键模块设置冗余，没有系统级备份。

2. 业务

内容生产工具方面的个性化需求难以满足，个人技术资源如存储、计算、带宽等配置拥有量很低，以栏目为单元实现素材共享和统一电子化流程驱动，流程运转效率较低。

3. 管理

对技术、业务管理的支持力度较低，应用系统形成数据孤岛，难以对电视台和部门级决策起到支撑作用。

4. 运维

监控对象仅限于设备，功能分散于各应用系统，没有完整统一的监控系统；缺乏运维体系规划，总体处于被动“灭火”方式，系统故障对业务影响较大，恶性事故发生概率较高，设备过保后采用单件维修方式。

5. 安全

实现最基本的安全保障措施，例如，主机配置防病毒软件、关键系统之间设置安全通路等。

综上所述，标清制播网络建设是北京电视台信息技术系统大规模建设改造的开端，投入使用后应用效果突出，业务承载量、流

程覆盖度、架构先进性都处于当时行业领先地位。从信息化进程角度看，无论是信息技术、产品应用，还是解决方案成熟度都处于初始阶段。系统结构和运行框架刚刚建立，音视频与信息技术系统分庭抗礼。信息化理念的认识和贯彻具有较大局限性，基于信息技术系统的运转和管理落后于建设，策略服务化和架构体系化尚未考虑，数据化和智能化尚未提上议事日程。

1.2　制播网络高清化改造

1.2.1　概述

北京电视台标清制播网络系统试运行期间，北京市委、市政府领导来台检查工作时指出，要依托首都提升信息基础设施建设规划，积极推进电视频道高清化，大力推进传统电视与新兴媒体的融合发展，不断提高高清电视和电视互动的覆盖面，以此提高电视的传播力和影响力。为了落实市政府和市领导对北京电视台节目高清化的指示精神，提升北京电视产业的竞争力，北京电视台计划在建设中逐步将现有标清制播网络系统改造成为高、标清业务兼容的网络化节目制播体系。基本改造原则包括以下三个方面：一是新建高清制作系统，与现有标清制作系统并行工作；二是对现有标清共享服务系统进行高清化改造，使之成为高、标清业务兼容的共享服务系统，为高、标清制作系统提供服务；三是对现有标清主干平台进行高清化改造，使之成为高、标清业务兼容的服务支撑，作为制作与服务两种类型系统之间进行数据交互和业务连通的坚实基础。

北京电视台制播网络高清化改造进程大致分为两个阶段：第一阶段是在标清制播网络系统框架基础上进行的高清网络化节目

制播体系一期建设，从2009年下半年开始，于2010年年底完成，覆盖BTV1、BTV2两个高清频道。第二阶段即高清二期建设，作为高清一期建设的延续，从2011年年初开始，于2013年年底前完成，目标是在现有基础上再覆盖BTV新闻、体育和纪实三个高清频道，并实现台内高标清业务的全面融合，以及针对技术资源和业务实现的深度优化。

截止到第二阶段，北京电视台新台址网络化制播业务建设的制播网络系统包括新闻节目制播网络、体育节目制播网络、收录网络系统、媒资管理网络系统、总编室编播网络系统等大型制播系统共计约18个，地跨新老台址，设备共计约2200台，能够完成节目的上传、编辑、配音、审查、演播、包装，以及节目演播室录制、外来信号收录、资料检索/调用、节目单编排和备播库管理等工作。从正式投入运行以来一直运行平稳，使北京电视台各部门工作紧密地结合在一起，承载用户约2800个、栏目134个。生产业务实现高清化、规范化、流程化，已支撑了北京电视台卫视、文艺等5个高清频道及科教、海外、影视等7个标清频道的节目制作、播出，提高了节目生产效率，为北京电视台转变工作模式，全台业务进入高清化、信息化网络时代奠定了良好基础。

北京电视台制播网络高清化改造以SOA（面向服务架构）、ESB（企业服务总线）为软硬件实现的原始设计模型，在系统构成方面分为主干交换平台和应用系统两个部分，如图1-3所示。主干交换平台含基础网络平台、业务支撑平台两个组成部分，是整个制播体系的基础架构，所有应用系统均建立在该平台之上。基础网络平台提供互连互通的物理链路；业务支撑平台构建和定义各种互联标准、规范和方法，应用系统据此进行数据互通和业务交互。

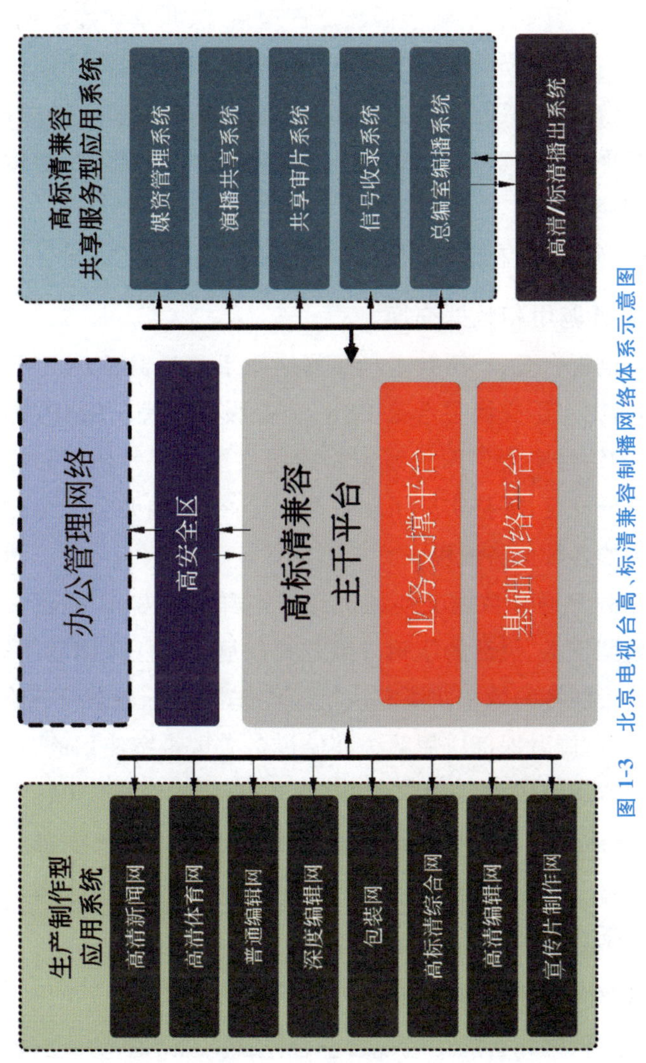

图 1-3 北京电视台高、标清兼容制播网络体系示意图

按照所提供业务支持的性质进行划分，应用系统分为生产制作型和共享服务型两类。前者包括新闻制播、体育制播、综合制作、包装合成等网络，后者包括媒资管理系统、共享演播系统、信号收录系统、总编室备播库等。总编室备播与播出系统之间依据主干交换平台制定的互联标准，建立了独立、专用的节目送播接口；主干交换平台通过高安全区与办公系统相连，提供了制播体系的外部数据交互接口。

制播网络高清化改造的技术关键点如下。

1. 服务调用和数据交换

北京电视台高、标清兼容制播网络体系是基于 SOA 进行设计建设的，其中主干交换平台是 ESB（企业服务总线）、EMB（媒体服务总线）的综合实现。双总线架构共同支撑起了元数据和媒体数据的跨系统交互，完整实现了北京电视台高、标清兼容网络化节目制播相关的各项业务流程。

在业务互通和数据交换的执行器集群配置方面，通过采用关联逻辑模型技术、灵活的逻辑分组方式和复杂的任务调度逻辑，全面提高执行任务的效率。所有执行器均能执行所有流程中的跨系统迁移任务，同时保证应用系统存储设备实现带宽使用的合理化。这种服务调用模式和数据交换架构，在行业内的同类实践中比较特殊，充分适应了大型电视台复杂业务应用场景下大规模业务互通的需要，在运行稳定性、数据交换量等方面表现优异，构筑了全台网技术架构的坚实基础。

2. 系统可用性和智能化

高可用架构和智能化电视台全台网在实现基本功能需求的前提下，保障系统运行稳定性、业务连续性，提升运转效率，降低人工消耗，成为重要的追求目标。为此，北京电视台制播网络高清化改

造在系统高可用性和智能化方面，进行了大量实践：在新闻制播网络内部，通过制作岛/演播室协同工作方式、数据双存储配置架构、演播系统分组播控联动机制等，确保系统高可用性；在后期制作网络区域，通过分布式打包、资源项目制管理策略、自动技术审查手段、双线审片机制、自动唱词适配功能等智能化手段，提升业务运行效率，降低人员需求；在资料存储和管理区域，制定并实现数据有效性保障方案，从数据可靠性角度出发，有效控制数据存储风险，确保数字化资料安全。

3. 内容管理与共享

在节目生产过程中，媒体内容的组织和使用水平成为媒体内容管理与共享最为关键的因素。北京电视台制播网络高清化改造在全台媒体内容整合层面，搭建了包括媒体内容管理库、节目备播管理库、统一素材检索平台、区域性媒体内容交换平台四位一体的、分散存储和统一管理相结合的内容共享体系。在此体系下充分实现了内容的多形式生命周期管理、内容的灵活搜索和资源调度等内容管理和共享理念。电视台媒体内容主要分为节目和素材两个层面。在节目层面，节目代码作为唯一标识，是节目在业务流程中通行的身份证。所有节目纳入代码管理框架，从制作、备播、播出、归档、调用环节的正常流转，到对上述流程环节的业务监控都要使用节目代码作为识别标志。通过 19 位的节目代码，所有台内节目级的媒体内容被有机地管理起来，支持共享和交换。在素材层面，为加强管理、方便调用，建立了跨越各个应用系统的统一内容检索平台，解决了媒体数据分散存储、管理带来的异构系统间使用所面临的链路路由、访问控制、迁移调度等问题，提供了生产域各制作系统中媒体数据的内容整合、集中展现、统一检索，实现跨制作网素材交换功能。此外，建立了区域性媒体内容交换架构，以中心共享平台与多节点媒资系统的星型架构，实现北京电视台与周边14个区县广电中心之间媒体内容的互联互通。

4. 全局统一监控

实现监控信息收集自动化、信息汇集分析科学化、故障异常预警智能化，同时以规范化模式对网络日常管理维护和事件处理提供强有力支持。制播网络高清化改造建设中定义了网络拓扑、系统拓扑、设备部署和业务流程等四个基本功能视图的框架，并实现与上述视图紧密关联的系统运维日志的编写和管理功能。

对于日常维护需求，通过分析现有网络系统的运行维护模式和方法，以及广泛征集电视台一线系统维护人员的建议，确定了网络拓扑、系统拓扑和设备部署等三个基本功能视图的框架，并实现与上述视图紧密关联的系统运维日志的编写和管理功能。对于业务管理需求，为了完成系统业务信息环节的可视化监视和控制，实现了业务流程监控功能。根据业务流程规划，全面定义了节目归档、备播、素材迁移、回迁以及资料调用等流程的监控视图，可在网络化环境中实时获取业务流程各个关键环节的准确信息。监控系统总体设计目标是将传统被动运行维护方式转向主动方式，最大限度地保障电视台制播业务系统的正常稳定运行；及时、准确地获取系统运行的实时状态并结合历史数据用于运营分析，为管理控制和战略决策提供有效支持。

5. 网络安全防护

网络化技术体系的网络安全防护问题，直接影响节目制播安全。北京电视台制播网络高清化改造通过安全管理、技术防护和运行服务等三个层面来构建立体化的网络安全防护平台。该平台的建设和完善是一个长期和渐进的过程。下面简要介绍近年来开展的相关实践。

(1) 数据安全交换系统是一个带外方式为主的网络，其核心功能是在三层杀毒传输服务间实现自动杀毒，并通过 USB 专用线缆传输数据。通过在每组服务间建立网络连接，以及与制播网络的桥梁，实现任务统一管理、病毒库更新、数据自动入库等功能。

(2) 新介质数据交换模块是为了适应高清新介质(P2 卡、蓝光盘等)的引入而实现的安全解决方案。该模块可以从 Windows 设备驱动层面，以 Windows 挂钩函数的实现方式屏蔽非法目录和非法文件，从而完成对恶意代码的屏蔽。此外，还可以实现新介质的识别、管理，将非法介质挡在制播网络之外。

(3) 高安全区业务支撑系统位于制播网络与办公系统之间。根据所传输业务数据的不同安全要求，建设了三条传输通道：各类安防措施齐备的控制信息与元数据的双向传输通道，重点防范病毒和非法入侵的办公管理网络至制播业务网络数据的单向传输通道，实现网络隔离的制播业务网络至办公管理网络数据的单向传输通道。在此三条物理通道的基础上，设置数据交换管理模块，完成元数据交换、媒体数据通道的分配和数据迁移任务。

等级保护是信息系统在网络安全方面的加固方案，其中在技术层面要根据国家和行业要求进行整改，这对于一个处于在线运行状态的大型制播网络而言，实施难度极大。目前，等级保护技术改造在安全区域重新划分、安全防护软硬件设备应用、安全审计管理功能配置等方面进展显著。

网络安全防护是电视台全台网应用环境下必须面对的任务。网络安全无小事，网络化的优势众所周知，无论是非法访问、恶意代码入侵还是病毒传播，都会给系统运行和业务流转带来毁灭性的打击。为此，北京电视台高标清兼容网络化节目制播体系以内外部数据交换为任务切入点和重点保障范围，以等级保护为完整解决方案来推进该项工作。

北京电视台制播网络的高清化改造在原有标清系统的基础上进行规模扩展和优化完善，在满足全台电视节目大规模、集约化生产需要的同时，增加从高清化节目生产到播出功能。通过对原有技术流程的完善，使得整体智能化程度有所提高，并在此时建立比较完善的监控系统，是北京电视台信息技术系统大规模建设改造持续发展的重要组成部分。

1.2.2 特征

制播网络高清化改造目标：通过系统改造支持网络化高清节目制播业务，在电视台全台业务网雏形基础上扩展规模、深化应用，完整实现全台网架构和应用，满足全台电视节目大规模、集约化生产需要，对电子化流程进行优化完善，在技术、架构和应用等方面奠定行业领先地位。

1. 技术

更多采用互联网技术，推动现代信息技术与传统音视频技术的融合，信息系统在全台技术体系中逐步拓展覆盖范围并开始处于主导地位；提供局部高清节目格式支持，总体处于高标清兼容状态；一些技术环节如技术审查、包装合成等的智能化程度有所提高。

2. 业务

内容生产工具方面的个性化需求依旧难以全面满足，但通过一些专项业务领域针对性项目，如共享审片、宣传片制作系统等的建设，在整体业务层面的满足度方面有所改善，个人技术资源如存储、计算、带宽等配置拥有量有一定提升，以栏目为单元实现素材共享和统一电子化流程驱动，流程运转效率有所改善。系统整体规模扩展、子系统数量翻翻，应用系统内部延续竖井式架构，全局基于SOA架构、应用系统之间采用ESB总线互联互通的模式没有变化，系统内部模块全面实现设置冗余，个别关键系统如新闻制播网实现系统级备份。

3. 管理

对技术、业务管理的支持力度有一定程度改善，应用系统数据孤岛的性质没有变化，难以对台和部门级决策起到支撑作用。

4. 运维

规划并实现较为完整统一的监控系统，监控对象由设备、系统延伸至应用和业务，但对运维工作的支持力度有限，监控与运维总体处于割裂状态；基于运维服务国家标准ITSS，开始进行运维体系的全盘规划并初具规模，运维服务化转型初步启动，总体处于从被动“灭火”向主动预防方式转变阶段，系统故障对业务影响减小，恶性事故发生概率降低，设置统一设备维保池并取得显著效果。

5. 安全

依据行业等级保护要求完成全面网络安全技术改造，在网络、主机、应用、数据、管理层面配置安防措施，在制播与办公系统之间设置高安全区实现互联互通；未进行等保测评、在应用/管理层面的安防力度较低。

综上所述，在标清建设阶段取得成果的基础上，通过高清化改造追求更高目标的应用效果，是北京电视台信息技术系统大规模建设的持续和信息化进程的深入。该项目的实施，不仅是视频格式支持由标清到高清，更是信息化水平的大幅提高。在此阶段，在信息技术基础设施之上逐步丰富流程、管理、数据等要素，信息化的优势和效果逐步显现。信息技术、产品、解决方案的应用成熟度均有明显提升，系统结构和运行框架在应用中得到优化和确立，信息技术系统通过渗透和融合，逐渐在技术体系全局取得主导地位。信息化理念的认识和贯彻程度提高，关注焦点逐步从建设转向运维。以系统运维为主题，通过项目研究和成果实践，开始探索策略服务化和架构体系化，运维能力和质量得到基本保障。开始意识到数据的重要性并规划、实施一些数据类型项目，智能化手段在局部得到一定应用。

1.3 办公管理网络建设

1.3.1 概述

办公管理网络业务范围涵盖广泛，台内使用部门及用户数量众多，主要包含台内基础接入网络系统、办公管理应用集群和生产外延服务平台。为台内用户提供 Internet 访问、办公管理、内网门户、栏目网络互动和大型活动网络直播等服务。

如图 1-4 所示，北京电视台办公管理网络系统（办公网）既承载了台内日常办公、管理类业务以及一部分生产外延业务，同时还是台内主要业务网段的连接枢纽。制播业务网络、新媒体应用网络分别通过综合业务支撑区、台网对接区经服务交换总线与办公管理网络连接在一起，并通过互联网业务区与互联网交换数据。

2006 年，以新台址建设为契机，北京电视台启动了全台办公信息化建设的整体规划，2007—2008 年，建成了覆盖全台所有办公域的骨干接入网，并在近年来逐渐从以固网为主转变为固网、无线并举，从以用户接入为核心转变为以数据中心为核心。

截至 2019 年 8 月，北京电视台办公管理网维护的设备有数百个主机节点和 2600 余台终端计算机；应用系统包含内网门户、广

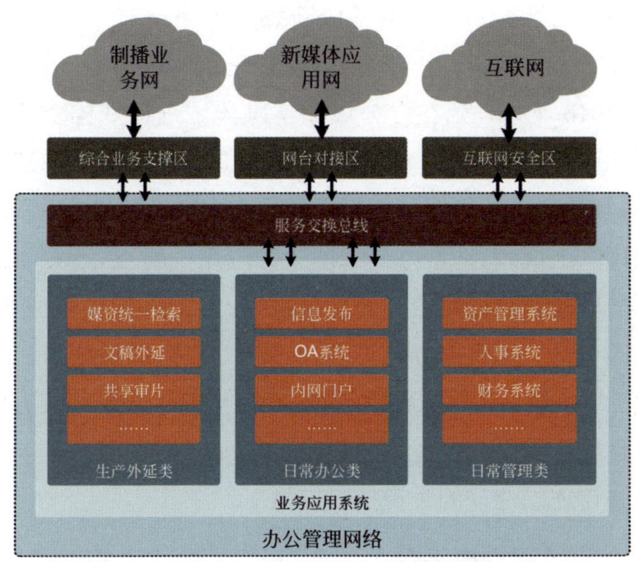

图 1-4　北京电视台办公管理系统应用框架示意图

告、人事、财务、技术资源、OA、邮件等 20 多个。随着近年来新台业务的不断扩展,除骨干接入网外,为在保证安全的前提下满足不同应用需求,办公管理网还有多个独立的网络,包括无线专网、演播室专网、特殊应用专网等。无线专网于 2013 年建成,主要用于新老台无线覆盖,目前已覆盖除演播室和播出区外的大部分办公区域;演播室专网与新台骨干网同步建设,主要覆盖新台常用演播室,为各种直播和录播节目提供网络支持;特殊应用专网主要用于需要带宽较大的业务平台,例如上传下载平台等。

为适应传媒行业和技术环境的变化,2012 年开始,北京电视台围绕信息化建设工作,再次展开了新一轮的信息化规划,制定了三步走的规划方案:第一阶段(2013 年),主要进行基础设施层和基础平台层云架构改造试点,搭建虚拟化平台,启动全台服务交换总线的试点建设;第二阶段(2014—2015 年)在应用层建设上展开轻量化、工具化尝试，重点主要是以新媒体节目生产系统为试点，启动全媒体应用工具集的小步建设，摸索全媒体应用方向；第三阶段（2015—2016 年），开始在办公域和新媒体域进行基础资源平台全面云架构改造，并力争把新媒体应用网和办公管理网基础资源整合，从融合角度对新兴媒体应用及其技术支撑进行优化。

根据以上规划，结合办公管理业务应用的特点，近几年办公管理网逐渐从初期建设时的竖井式架构，开始向云架构转型，并通过互联互通平台实现台内办公管理、新媒体应用、制播业务三个网络的高效互联互通，三个群独立运行、互联互通、业务交织的格局已经形成且融合渗透趋势越来越明显。

办公管理网建设的关键技术点如下。

1. 全台数据交换平台

在以太网络架构上，采用核心、汇聚、接入（数据中心接入层、客户端接入层）三层模型，并在设备、链路、路由等网络层面实现了高可用。在光纤网络架构上，同样采用了 FC 架构，满足了办公管理网内数据库系统的大规模数据的实时访问操作等需求，又重点保障了各业务系统稳定不间断运行，并在此基础之上建立了中心数据库，将其作为办公管理网应用系统的统一数据库平台，为办公管理网应用系统提供统一的数据访问、数据存储与管理、数据备份和恢复、数据安全等服务。

在此技术结构下，建立了全台 SOA 平台，实现了制播业务网、办公管理网以及新媒体应用网的各个业务系统技术上的互联互通，以及素材和元数据信息的共享。初步搭建完成了基于全台 SOA 平台交互的办公管理网络生产环境。它为全台业务系统提供强大的中介功能，以支持服务的调用、信息的处理和事件的响应。对外提供的中介服务最终由预先定义的消息流完成。一个消息流

由多个组件组成，这些组件涉及服务处理过程中的消息的接收、消息内容的识别与转换、消息的加工处理、服务的路由、服务调用日志、异常与错误处理等方面；同时，全台业务流程管理平台有利于解决部门之间的业务瓶颈，打破部门界限，使全台业务实现网络化、流程化，使人为因素对业务生产的影响减少到最低；各个部门功能单一化，责任明确、清晰，促进流程的科学化和规范化。通过这个平台，可以提高全台总体的管理效率。

2. 统一应用开发架构

建立了统一的应用开发框架，让应用服务平台开发基于 J2EE 技术，支持 Web 缓冲器(Cache)、商业智能应用、无线服务、门户(Portal)和企业应用集成(EAI)等技术和架构；支持基于 Java 应用的模块化和构件化的应用程序设计，提供电视台信息系统应用的可扩展性；支持 Web Cache 技术，提高重复访问 Web 页面时的访问性能；支持基于先进技术进行企业应用集成平台的开发设计，满足数据集成、应用集成、业务流程集成、用户界面集成功能；支持应用多种集群架构(异地集群、不同操作系统多机集群)，以充分满足业务运行中可能存在的大量终端用户请求的现状；支持业界通用的开发工具和多种操作系统，提高应用的开发效率，支持分布式应用和集群技术。

3. 纵深式防护体系

办公管理网络承载着大量管理型业务系统，同时连接着全台所有用户和外部互联网，提供互联网访问服务，根据功能和用途主要分为终端接入区、数据中心区、DMZ 区、无线区、安全管理区、测试区。依照“从严管理为主、疏堵结合把握、安全业务兼顾”的指导思想，在办公内部通过划分安全域，建立互联网 DMZ 区，划分虚拟资源安全边界等措施，结合发布《北京电视台办公网络管理暂行办法》和《业务系统开发安全基线》，实现了终端、网络、业务系统的统一管控。

从安全技术层面，基础网络采用核心、汇聚、接入三层设计，新老台之间出口互为备份；采用边界防火墙对数据中心域、互联网出口域、互联网 DMZ 安全域进行管控；终端和服务器安装有防病毒软件，并对关键应用根据安全基线对系统进行加固；参照业务等级，进行漏洞扫描、渗透测试、安全巡检、脆弱性检查、安全加固、病毒测试、流量分析。另外，在办公管理网络和制播业务网络边界处部署有高安全区，办公管理网络与制播业务网络的数据和服务交互需经过高安全区进行，严格控制文件流向，通过不同的安全通道，充分保障节目制作播出安全。

1.3.2 特征

办公管理网目标：通过持续的信息化建设，建成办公管理和辅助生产的各类系统，提供对人、财、物、节目、广告、收视等业务的信息化支撑，为台内运营和决策控制提供参考依据；通过办公基础网络和台内互联互通总线的建设，实现办公区域网络全覆盖以及台内制播核心业务系统与新媒体应用系统、互联网服务平台的互联互通。

1. 技术

以基础网络、安全和信息化技术为依托，逐渐采用云计算、SOA 平台和基于 Java 应用框架对基础资源、应用开发和用户接入、服务及数据交换进行管理。系统全局呈现客户端接入区与数据中心两级核心，多数应用系统内部采用竖井式架构，关键系统都采用了冗余架构，少数关键业务系统，如节目生产和广告业务系统实现了系统级备份；近年来逐步建成 SOA 平台和云计算平台，各

应用逐渐开放服务并向云计算平台迁移，启动向平台化、服务化方向迈进的步伐。

2. 业务

应用系统数量较多但单一，系统规模不大，各应用系统承载的业务主要服务于特定管理、职能部门，针对全台服务、横向贯通各应用系统的跨系统业务流程较少；各类应用数据管理封闭，尚未形成全局数据共享库。

3. 管理

初步完成了信息系统架构发展规划和应用开发框架及开放服务协议的制定，定义和提取了少量公共数据，实现了一定的管理支撑，但大量管理数据仍封闭在各系统内，孤岛态势仍未明显改变。

4. 运维

实现了系统层、设备层、网络层的自动化监控，但对业务层监控尚未实现，监控系统对运维支持有一定的力度，但对管理支持力度有限；遵从 ITSS 运维服务管理规范，建立了质量监测小组，但整体运行处于初级阶段；技术系统运行环境集约整洁，设备损坏率较低，整体上系统故障对业务影响较小，恶性事故发生概率很低，设置了统一设备维保池并取得良好效果。

5. 安全

依据行业等级保护要求完成以终端接入管理为核心的网络建设，对关键业务系统，在网络、终端、主机、应用、数据层面配置安防措施，对内通过高安全区与制播系统、对外通过 DMZ 区与互联网相互连通；未进行等级保护测评，在网络安全措施之上的效果监测方面能力不足。

综上所述，北京电视台办公管理网络的建设和改造进程，基本上与标清制播网络建设和制播网络高清化改造的整体进程同步。一方面由于系统规模和业务性质的原因，办公管理网络系统的整体发展力度和速度不如节目制播网络系统，数据化、智能化水平也受到一定程度的制约；另一方面，由于完全基于信息技术构建系统，不存在视音频与信息技术的分野，使其信息化程度与节目生产系统大致相当。发展过程中，办公管理网络系统与节目制播网络系统先是各自独立演进，然后通过数据安全交换区的建成和使用逐步交融，直至开始呈现出一体化发展趋势。这种趋势不但反映在系统规划和建设层面，也渐渐体现在针对管理、运维、安全主题的研究和实践上。

1.4 新媒体应用网络建设

1.4.1 概述

近些年，面对互联网的冲击，在三网融合的大趋势下，全国各地广播电视台均陆续确立了推动传统媒体与新兴媒体融合发展、扩展自身属性的目标，由单纯的广播电视业务向全媒体方向转型。

按照国家新闻出版广电总局创建“以宽带互联网、移动通信网等新兴信息网络为节目传播载体的新兴形态广播电视播出机构”的要求，根据北京市委、市政府主管部门建设“首都地区全新媒体宣传平台”的指示精神，北京电视台确立了新媒体平台建设的指导思想：以发挥主流价值观传播职能为宗旨，以抢占网络视频媒体舆论制高点为目标，展开北京网络广播电视台（BRTN）全球传播网络平台的建设工作，通过统一的视频内容整合和管理能力，提供基于IPTV、手机电视、互联网电视、门户网站等多种终端的媒体传播，实现支持跨终端业务联动和服务融合，建立全新的媒体产业化运营模式。

面对新媒体蓬勃发展机遇，北京电视台组建技术研发团队，调研国内多家网络电视台，在没有成熟的可照搬、可参考的成功案例背景下，规划出了全新的技术架构，攻克了多项关键技术，成功构建了台网融合架构下的北京电视台新媒体应用网络。

1. 新媒体网络建设项目

新媒体网络建设项目（以下简称为新媒体项目）于 2012 年 5 月启动，至 2013 年 7 月搭建完成并试运行。上线运营以来，技术平台很好地满足了业务需求，并通过技术创新推动了业务发展。

如图 1-5 所示，北京电视台新媒体项目以统一视频内容整合和管理为基础，支持 IPTV、门户网站、App 应用、微视矩阵等多种媒体传播渠道和业态，实现跨终端业务联动和服务融合。项目建设主要包括基础网络和安全运维平台、私有云平台、内容生产服务平台和公有云上的门户网站、IPTV、台网互联互通等 5 个内容，在克服自身数据中心机房空间小、电力资源紧张、人员有限、管理和运维效率不高等困难的同时，实现了物理和虚拟统一调度管理的资源池，进而实现资源与业务的适配，并兼顾高可用、高安全。项目在规划业务系统建设的同时，充分认识到了云计算的重要意义，利用云计算技术构建了一个具有典型广电行业特色、满足行业需求的云架构基础支撑平台，展现了云计算时代信息系统运维管理与上层业务紧密结合、优势互补的巨大价值。在实际使用中，通过云平台实现了对多种业务资源、用户资源、设备资源的统一管理，不仅提高了运维和管理效率，同时还能带来降低能耗、节省机房空间等综合效益。

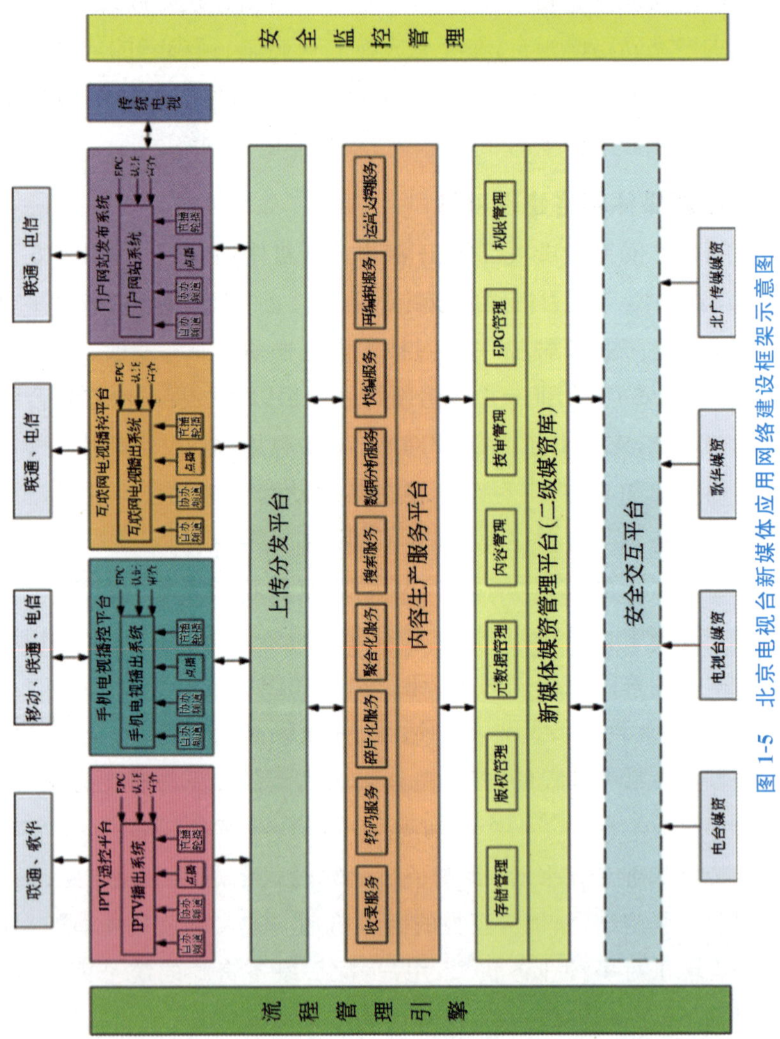

图 1-5 北京电视台新媒体应用网络建设框架示意图

2. 智慧媒体服务项目

北京电视台智慧媒体服务项目(以下简称为智慧媒体项目)于2014 年年底正式启动,该项目定位于新媒体系统升级和应用拓展,力图以基础资源平台、业务应用集群、大数据系统为核心,建设适配未来大众化、个性化媒体、社交媒体和自媒体等多样化媒体形态的技术支撑体系;建立面向互联网应用、具备公共服务能力的社会化制作、播出和发布服务平台;建立基于新媒体业务的管理、决策和运营支撑平台;使之成为媒体社会化服务的优选应用入口,其总体框架如图 1-6 所示。

在云化转型中,建立“资源 + 平台 + 工具”的三层架构模型至关重要。

如图 1-7 所示,在电视台应用场景下,基础资源平台是实现“智慧媒体”的基础,基础资源平台层采用云计算技术,将已有办公管理网络和新媒体应用网络以及移动、联通运营商数据中心互联互通,构建一套面向全台的完整的云计算平台,全面实现以数据中心为核心,实现全台基础资源跨异地数据中心的统一服务和灵活调配,打造统一安全、运维、监控体系,满足各类业务系统的资源需求和安全需求,拓展、延伸原有云平台的业务承载范围。

中间平台层除了标准意义上的数据库、中间件之外,还应考虑将原来附着于内容制作的素材管理抽象出来,建立内容中心或融合资源库,并将依存于业务逻辑的流程设置抽象出来成为流程引擎。此外,一些后台服务功能如媒体处理、用户管理等也可移植进平台层,云化新媒体内容生产方式,有效增强业务系统的稳定性、灵活性、安全性,降低业务系统部署实施周期和运维成本,适配智慧媒体业务的敏捷开发、弹性伸缩、快速转型等特点。

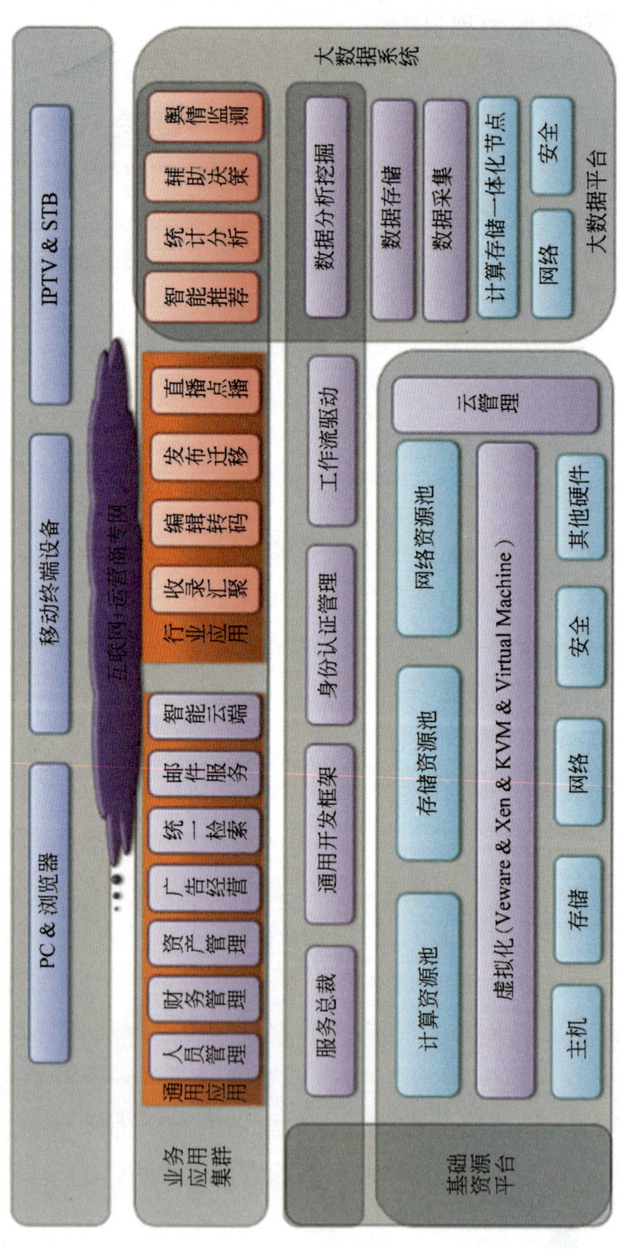

图 1-6　北京电视台智慧媒体总体框架示意图

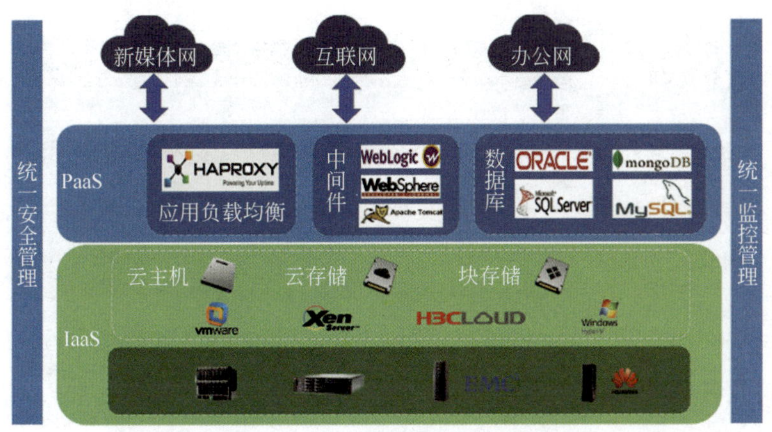

图 1-7　北京电视台智慧媒体基础资源平台架构示意图

如图 1-8 所示，智慧媒体项目中上层应用经过中间平台层的抽象剥离，剩下的具体操作功能则经轻量化、解耦合封装为应用工具，与流程设置、内容管理彻底脱钩，从而可满足用户多样性灵活选择需求。智慧媒体项目通过新建和整合原有各自孤立的应用系统，形成了主要包括移动应用服务集群、大数据服务应用集群、新媒体外延应用集群、办公管理服务集群、新媒体内容生产服务集群以及智慧运营服务集群的业务应用集群，为今后的业务服务化、体系化打好了基础。

智慧媒体从业务角度看，是将服务对象的环境、行为、联网、偏好等信息融入客户需求并参与内容生产过程，最终把适合的内容、产品或服务提供给客户，从而形成服务加工、提供、反馈的闭环，提升业务运行能力和信息服务水平。从技术角度看，是通过数据采集、处理、呈现完成对技术系统运行和业务承载状态的感知、分析和判断，从而为维护、管理、运营提供参考依据，并最终支持和指导响应过程。

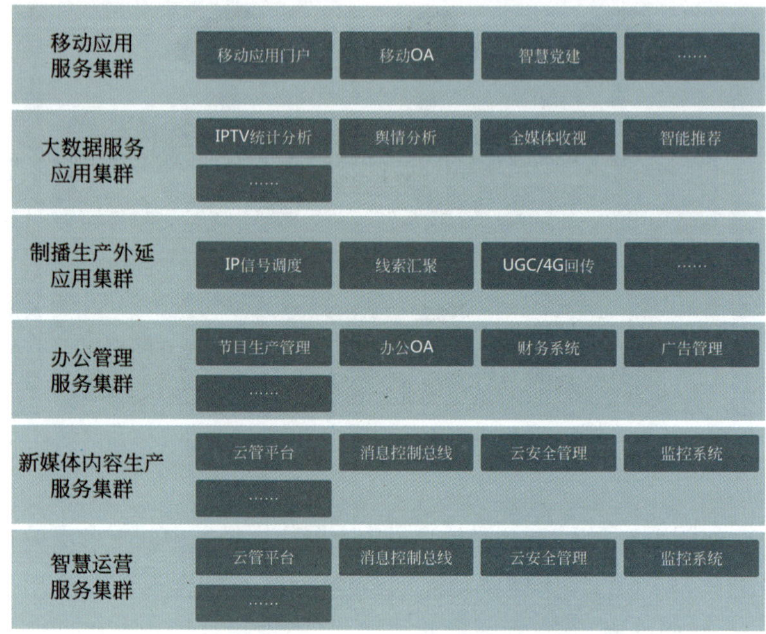

图 1-8　北京电视台智慧媒体业务应用集群示意图

大数据分析和应用是构建智慧媒体的重要基础。随着媒体行业竞争日趋白热化，业务转型发展在技术层面的重要表现形式之一是从信息技术支撑演进为 DT 数据技术支撑，电视台内部实现智慧化生产、精细化管理的要求也越来越高。北京电视台 2015 年下半年至 2016 年上半年，通过智慧媒体项目完成了数据技术系统的设计和建设工作，如图 1-9 所示，以台内自有媒体应用及互联网数据为基础，构建通过各种途径、工具和手段形成数据的采集、处理、存储、管理和分析能力的能力平台以及支持业务统计、智能推荐、舆情分析、收视指数、决策支持等一系列数据应用的应用集群两部分，期望通过大数据平台的建设，统一规划和建设面向未来发展需要，针对不同业务模型的平台化数据资源池，在此基础上启动数据

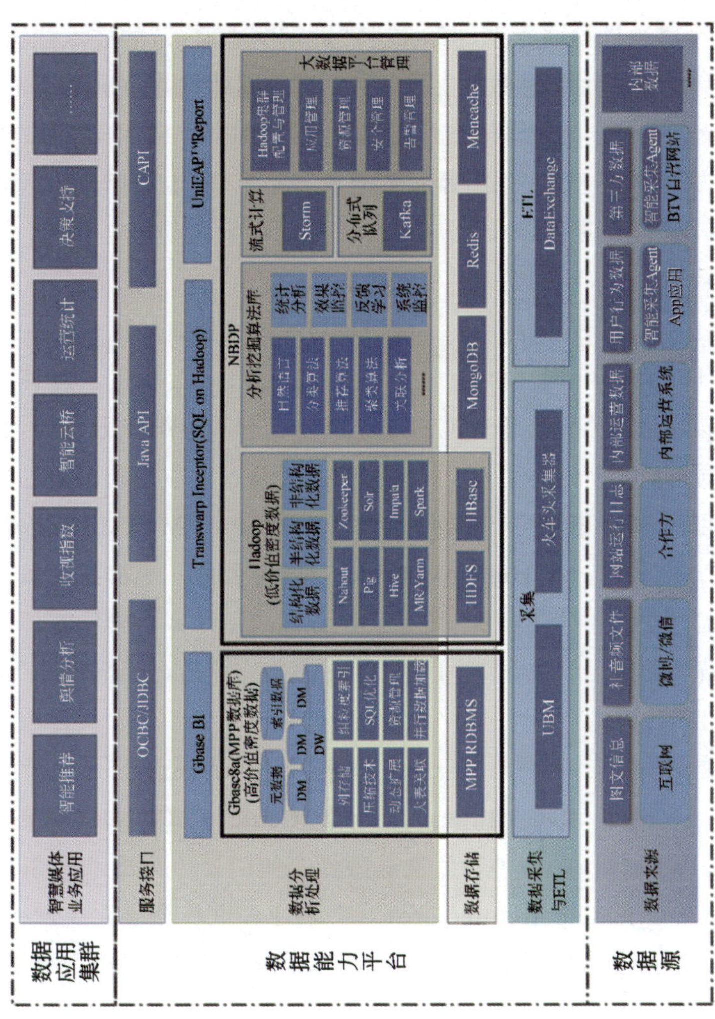

图 1-9　北京电视台数据技术系统总体架构示意图

治理进程，建立数据字典，制定数据规范，通过新型数据系统建设和原有信息系统改造两条途径将数据释放、汇聚起来，夯实数据横向流动基础，然后依托迫切的管理和业务驱动，从内容、管理、融合、安全等数据类别着手，探索支持“数据洞悉业务”的技术能力，最终摸索出全面展开“数据支持业务”“数据驱动业务”的道路。

北京电视台智慧媒体项目规划阶段自 2014 年 11 月至 2015 年 4 月，在调研、分析、汇总实际业务需求基础上，确定项目总体框架和方向，将整个项目细分为基础支撑、数据决策和业务应用 3 个项目群，于 2016 年年初完成主体任务。

上述两个新媒体应用网络建设项目的技术关键点如下。

（1）云计算和虚拟化。通过使用 Cloud Stack 构建云管理平台，提供针对虚拟、物理资源的统一调度管理和运维能力，实时显示不同用户、不同业务的资源使用情况，以及针对应用和服务的业务模型交付。通过支持异构虚拟化平台（VMware、Xen 和 KVM）、虚拟化 HA（High Available）功能以及应用集群或主备工作模式，构建了完善的广电私有云业务高可用体系。异构虚拟化不但解决了单一虚拟化架构可能存在的系统风险，同时提升了系统的性价比。

使用公有云——IaaS 云服务构建门户网站系统，降低了建设成本，克服了 IDC（Internet Data Center）、CDN（Content Delivery Network）等种种发展局限性。使用云计算技术和 SOA（Service Oriented Architecture）对广电业务进行模块化梳理，形成标准化服务组件，构建业务服务模板，将全套业务系统完整地提交给用户。

（2）快速编辑发布。构建具备边采边编功能的 TS 流实时收录系统，满足了网络实时高质量收录，以及快速编辑、发布的需求。

使用 H.264 Streaming，快捷编辑系统实现编辑过程中的帧精度预览。使用 EDL 编辑指令表记录所有编辑操作，最终提交给后台运算集群进行高码率合成，实现了局域网和广域网多场景的编辑应用。

（3）网络化社交互动。使用 RESTful Web Service 架构实现传统媒体资源开放性平台接口体系，使用 Web Socket 技术实现页面即时通信，使用户在看电视时可以同步参与电视内容看点的网络化社交传播。

使用 HTTP Live Streaming 协议对直播流进行 H.264 编码和 TS 封装，并通过 M3u8 索引文件实现可定位到帧级的时移和 7 天回看任意流画面功能。

利用北京电视台全台 SOA 架构平台，将新媒体应用网络与传统电视生产网联通，实现台网间业务流程互联与内容数据互通。使用 DNA 音频识别技术，以声音信号为媒介，实现电视屏幕与互联网间的双屏互动，突破了电视屏节目时长有限所带来的内容局限。

（4）内容统一整合管理。建设了内容统一整合管理的 CMS 系统，实现内部生产素材、成品节目与北京电视台制播网络内生产资源和互联网生产资料的统一检索。构建了台网间互联互通的技术平台，实现了传统生产网与新媒体应用网络的业务融合。

（5）IPTV 集成播控。三网融合 IPTV 集成播控平台建设实行全国统一规划、统一标准、统一组织、统一管理。整体采用二级架构，中央设立中央集成播控总平台与全国性内容平台，北京建立本地的集成播控平台和本地内容平台。北京 IPTV 内容平台负责本地覆盖节目的组织、编辑、打包、转码、产品化等，接入到北京 IPTV 集成播控分平台。

北京 IPTV 集成播控平台向上对接中央集成播控总平台，接收中央集成播控总平台下发的全国性内容、产品、EPG 信息等，保留向中央集成播控总平台同步运营数据的接口。北京 IPTV 集成播控平台向下对接北京联通业务运营平台，通过北京联通传输网络将内容、节目信号传输到测试用户机顶盒。

北京地区 IPTV 集成播控平台由头端系统和播控平台两个系统组成。头端系统实现北京分平台 19 路直播流（包括 11 路标清、3 路高清节目和 5 路轮播节目）信号的编码、传送和监看，并实现共 85 路播控平台直播流（包括 74 路标清、11 路高清）信号的传送和监看。播控平台主要功能包括：本地区节目源的集成和播出情况监看；本地区 EPG 菜单管理；本地区 IPTV 用户的开通、鉴权、计费等日常运营管理；数字版权保护系统的本地部署和应用；本地区 IPTV 内容平台的接入认证；本地区增值服务项目的规划设计、开发运营；本地区 IPTV 经营数据管理；本地区 IPTV 市场的开发拓展和客户服务；与本地区 IPTV 传输网络的对接等。

北京 IPTV 集成播控安全播出系统包括 5 个子系统：信源监看子系统、信源监测子系统、安全播出切换子系统、安全播出状态管理系统、值班管理系统。其中，信源监看子系统负责所有直播信源的直观展示；信源监测子系统负责所有信源的质量监测，用于判断故障点；安全播出切换子系统主要负责当发现问题时，便于系统值班员第一时间排障；安全播出状态管理系统负责 IPTV 集成播控平台设备的性能管理、配置管理和故障管理等，并通过统一的界面进行监控信息呈现；值班管理系统负责排班、交接班、安全播出异态报警信息处理记录等功能。

（6）云架构分层设计。融合媒体应用建设中采用云架构分层设计思想，对基础资源层（IaaS 层）、公共服务层（PaaS 层）、应用工具层（SaaS 层）分层设计，统筹规划，通过 IaaS 层建立统一计算、存储、数据和服务资源池，从底层联通所有资源，实现一体化管理和调度，在具体设计上采用了开放、异构的虚拟化技术；通过 PaaS 层形成服务能力平台，实现其服务能力的统一管理、弹性供给及基于业务场景、业务流程的自服务组配，并基于一套统一的接口协议规范对各类融合媒体应用工具提供公共服务支撑。此外，PaaS 平台应具备数据挖掘与数据分析能力，通过对业务数据、用户数据、行为数据的挖掘分析实现生产运营与选题决策的数据支撑；SaaS 层为节目面向融合媒体新环境提供内容汇聚、生产、发布、协同工作、内容服务运营的全面支持，为开展融合媒体业务的节目部门提供基于节目生命周期的全方位应用工具，并实现统一管理和个性化提供。

（7）云架构安全防护。融合媒体应用建设项目中建立了面向全台信息系统的统一安全防护体系，形成适合于云架构基础环境的网络安全防护能力和初步的网络安全监测能力。建成“分区分域、多层防护，安全可视、动态感知”的具有云安全特色的融合媒体应用的安全体系。统一考虑物理与环境安全、主机安全、网络安全、虚拟化安全、接口安全、运行安全、数据安全与应用安全的相关问题。通过平台安全体系与相应安全策略的部署，确保平台的安全稳定运行及业务的连续服务。建立旁路和串行安全资源池，安全设备可动态按需部署；重视网络流量分析，做到可审计、可分析、可溯源；运用大数据技术，建立具有安全可视化及态势感知特性的新一代安全管理平台。

（8）监控运维管理。融合媒体应用建设项目中建立了重视监控运维管理方面的建设，建立统一监控运维平台，实现一体化运维管理，充分提高运维效率和效果，解放人力。在监控和运维系统设计上，强调监控功能的实用性，实现平台内平台状态及业务状态的实时监控、故障报警，并加强运维流程的 KPI 指标统计功能，实现与运维管理体系联动，使运维活动能够顺利展开，为服务质量的循环改善提供依据。

(9) 数据技术平台。北京电视台在 2016 年上半年完成了数据技术系统的设计和建设工作，以台内自有媒体应用及互联网数据为基础，通过各种途径、工具和手段形成数据的采集、处理、存储、管理和分析能力，支持业务统计、智能推荐、舆情分析、收视指数、决策支持等一系列数据应用。数据技术系统分为能力平台和应用集群两部分。北京电视台目前已经初步明确了数据平台建设架构，并借助智慧媒体等一系列项目建成了数据能力平台、应用集群以及一些以数据治理为基础支撑的管理类应用系统，在舆情分析、内容推荐、收视分析、广告统计、网络安全、运维管理等方向逐步发挥指导和参考作用。

新媒体应用网络建设是北京电视台承载新媒体内容，通过不同终端和多种传播渠道进行内容发布的开端，系统从建设之初就不再采用以往的竖井式架构，而采用了虚拟化技术和云平台架构，其目的在于利用大数据、人工智能等方式提升其智能化程度。该系统在管理、网络安全以及资源监控方面较之其他系统有所提升，与制播业务网络、办公管理网络独立运行、互联互通，成业务交织格局。

1.4.2 特征

新媒体应用网络建设目标：建设承载北京电视台新媒体业务应用的信息系统，制作并聚成电视台自有版权资讯、第三方节目资讯、网友上传以及网络抓取的各类图文、音视频等多种内容，并利

用互联网、移动互联网、运营商专网等多种传播渠道，针对不同用户群与不同终端的特点对节目内容进行个性化再创作，通过各种互动发布形式，满足市场上各类型细分用户的观看需求，并实现充分、广泛的网络用户覆盖，同时通过 PC 终端、TV 终端、手机终端与传统电视业务形成互补关系，相互促进。

1. 技术

在设计之初就开始采用云计算平台、SOA 架构基础资源、应用开发和用户接入、服务及数据交换进行支撑，逐步开始运用大数据、人工智能等技术在统计分析、内容推荐、智能应答等领域发挥作用。系统通过虚拟化和云技术，对基础资源层进行整合、池化，提升设备利用和运转效率；应用系统之间采用点对点模式互联互通，系统内部关键模块设置冗余、没有系统级备份。

2. 业务

业务主要服务于新媒体内容生产和传播，类型包括 4 个方面：一是全媒体信息海量内容数据存储、管理和利用；二是强大的新媒体的生产加工能力；三是可管可控的信息发布和互动；四是足够的网络支撑能力以为用户提供良好的应用体验。技术系统对于业务运转的适配程度和支持力度较高，技术和业务有机融合，一体化发展。

3. 管理

在云计算技术支持下，新媒体数据中心内部硬件资源具备动态调配和全局共享能力，初步启动了数据综合治理进程，实现了一定的管理支撑；在应用层面上没有完整的信息系统架构发展规划和应用开发框架，对技术管理的支持力度还较低，合理平衡业务发展进度、质量、效能、成本和风险因素的能力有待加强。

4. 运维

在信息系统层面上实现了系统层、设备层、网络层的自动化监控,但对业务层监控尚未实现;监控系统对运维支持有一定的力度,但对管理支持力度有限;在广电视频流层面上有 7×24 小时人员值班,对关键监测点和核心频道有较完整的多画面监测、码流分析系统等;全局上看,新媒体运维与传统制播等业务运维相比执行力度和规范化程度较低,且由于业务发展速度快、业务需求变化多,处于被动响应、疲于救火的状态。

5. 安全

建设原则是以业务为导向并服务于应用,采用“整体规划、分步实施、持续演进”的实施策略;新媒体播发体系需要连接外网,在建设业务系统的同时既要考虑与网络交互的业务顺畅高效,又要防范来自内外网的各种恶意攻击;除对关键链路部署了防火墙、安全网关等硬件设备外,还在终端侧使用了统一漏洞补丁、病毒库升级等,在应用侧使用了统一认证管理系统、数字证书等工具,并采购了安全咨询服务等;新媒体应用网络未严格遵照等级保护要求部署安防措施,也未进行测评。

综上所述,新媒体应用网络系统在北京电视台三类系统发展过程中是最晚出现的,伴随传统媒体拓展业务领域范围、打造“互联网+”生态的趋势而发展。由于起点高且完全基于信息技术构建,信息化程度一开始就处于相对较高水平,信息技术、产品、解决方案的应用成熟度有所保障,先进性与其他两类系统相比则更胜一筹。成型的系统结构和运行框架得以迅速确立,信息化理念的认识和贯彻能够在以往实践基础上得到持续深入,策略执行的服务化和架构管控的体系化达到一定水平,意识到数据的重要性并规划、实施一些数据类型项目,智能化手段的应用比较普遍。

现状分析说明

2.1 系统情况

2.1.1 制播业务网络

北京电视台技术体系以制播业务网络为主线，从 2009 年新台址启用时以标清为主的状态，转变为以高清为主、高标清兼容并着眼于全媒体业务支持的局面。目前，该体系总体处于大规模建设和改造之后的成熟稳定期，节目生产、办公管理和新媒体应用三个系统群独立运行、技术互联、业务交织的总体格局初步形成。

节目生产核心业务支撑平台是高标清制播业务网络的基础架构。高标清制播业务网络经过大规模建设和改造，至今基本趋于稳定，如图 2-1 所示。截至 2019 年 8 月，包括融合新闻云业务系统、融合生产云系统、高清体育节目制播业务网络、普通编辑网、高/标清综合编辑网、壳系统制作网、深度制作网、云制播网等大型制播系统，以及媒体资产管理系统、总编室编播网络系统、收录网络系统、演播共享、共享审片等共享型服务系统，地跨新老台址，设备共计约 2200 台。各应用系统中除后期搭建的融合新闻业务系统、融合生产云系统、云生产制作系统外，其余系统均采用竖井式

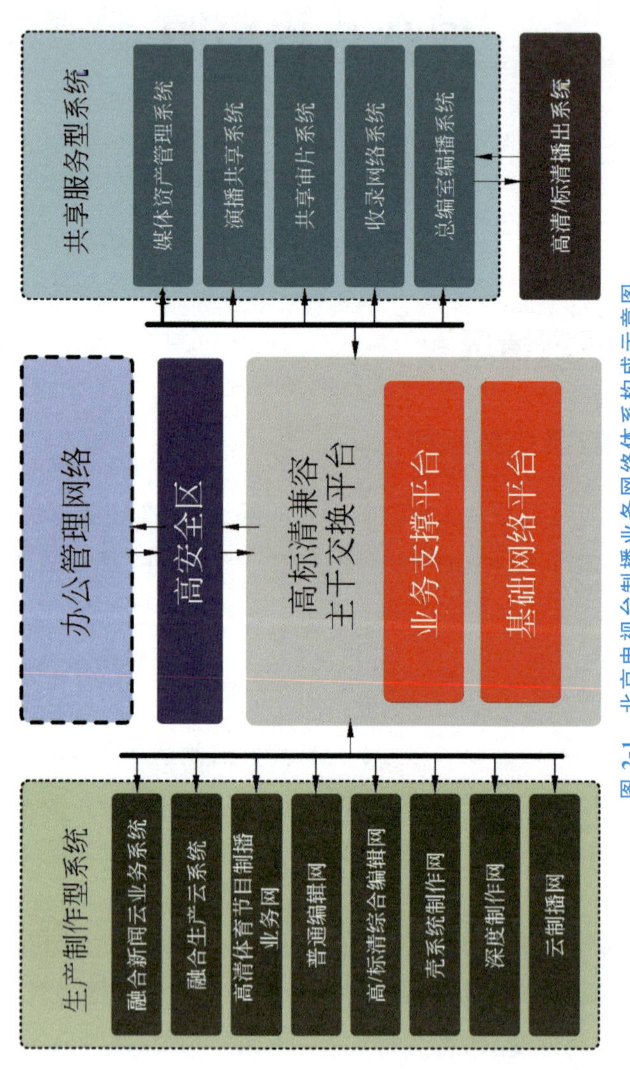

图 2-1　北京电视台制播业务网络体系构成示意图

架构,各应用系统独立形成孤岛,通过总线架构互联互通。

高标清兼容制播业务网络系统能够完成节目的上传、编辑、配音、审查、演播、包装,以及节目演播室录制、完成外来信号收录、资料检索/调用、节目单编排和备播库管理等工作。截至 2019 年 8 月,高标清兼容制播业务网络系统共承载用户约 3100 个、栏目约 135 个,总编室节目备播库日均备播量约为 300 条,约 98 小时,其中:标清节目约 170 条,约 49 小时(约占总备播量的 50%);高清节目约 130 条,约 49 小时(约占总备播量的 50%);节目备播时长以节目制作最多,占节目备播时长总量的 80%。制作系统日均备播节目约 283 条、备播时长约 79 小时,其中:标清节目约 116 条,约 35 小时,高清节目约 122 条,约 44 小时。媒资系统调用资料日均约 78 条、调用时长约 27.5 小时,其中:标清调用量约 18 条,约 11 小时;高清调用量约 60 条,约 16.5 小时。生产业务高清化、规范化、流程化,已支撑了北京电视台卫视、文艺等 6 个高清频道及科教、海外、青年等 6 个标清频道的节目制作、播出,为北京电视台转变工作模式,全台业务进入高清化、信息化网络时代奠定了良好基础。

北京电视台智慧媒体云架构制播网络系统建设基于云计算架构,以节目制作与演播业务需求为主导,以两个老旧制作系统更新换代为契机,采用私有云架构进行制播网络系统的建设,为后续直播体系的全面改造开展探索尝试工作。北京电视台智慧媒体云架构制播网络系统具备承接苏州街台址《生活》栏目的生产能力,包括后期制作与演播室直播等全部制播业务流程,在编辑站点使用方面,使用虚机为 20 台,平均每日每台虚机工作时间为 15～20 小时,并于 2016 年 11 月初成功完成了《生活》栏目文件化模式的网络全流程直播。启用至今,生活节目中心共制作了约 912 期日播节目，共计时长约1201小时，是北京电视台现有全台网络化制播体系向全媒体云架构应用系统改造的第一步。

2.1.2 办公管理网络

办公管理网络是满足台内外技术系统互联互通及台内办公管理、辅助生产等业务的综合信息系统，包含人员、财务、广告、收视、管理等数据资源，可以为台内运营和决策控制提供参考依据。

办公管理网络共包括新台办公管理网络、老台办公管理网络、数据中心网络和互联网出口。目前办公管理网络承担了全台约2500余台桌面终端和100余台瘦客户机的日常维护工作，同时还负责维护25个大型业务系统的维护工作，目前所辖范围内有PC服务器1564台（其中物理服务器184台，虚拟机1380台），小型机16台，存储7台，交换设备229台，安全及负载均衡设备50台；此外还包括数据库、中间件等61套。承载应用有台内邮件系统、内网信息发布平台、节目生产管理系统、广告管理系统、财务管理系统、阳光工程管理系统、行政与办公管理（OA）系统、私有云平台，移动OA、智慧党建，2018年通过智慧媒体项目对消息控制总线系统进行了优化升级，对私有云平台进行扩容升级工作。

目前，北京电视台办公管理网基于私有云计算的体系架构，规划并建成了大办公网的虚拟化云平台，如图2-2所示，在云计算环境下，应用层与软硬件基础系统实现了真正意义上的分离，通过独立建设软硬件基础设施，可以使北京电视台更加专注于自己的业务。基于云计算和管理，可按需获取网络上的软硬件资源，为将来台内业务部门之间按服务使用量结算奠定基础。

同时，办公管理网络还是台内其他分支网络的中转节点，其中

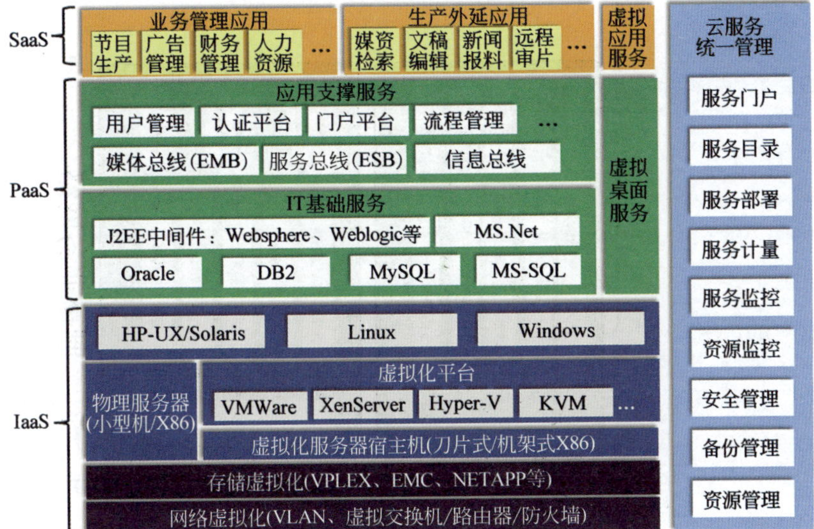

图 2-2　大办公网云平台整体架构示意图

的节目制播业务网络、新媒体应用网络以及互联网分别通过综合业务支撑区、网台对接区以及互联网业务区与办公管理网络连接在一起。如图 2-3 所示，北京电视台已在生产网内建立了一套 SOA 平台（包括 ESB 平台和 EMB 平台）实现了生产网内的数据交换和媒体文件的搬迁；办公管理网络内建立了消息控制总线支撑办公管理网络、生产网络及新媒体网络之间业务数据和服务的交互。生产网内的数据通过综合业务支撑平台与外部各网进行交互。

2.1.3　新媒体应用网络

北京电视台新媒体应用网络主要部署各类新媒体应用，如网络电视台、手机电视等；互联网业务区主要承载面向各类互联网应用的业务，如新闻舆情、3G 回传等。自台网融合架构下的北京电视

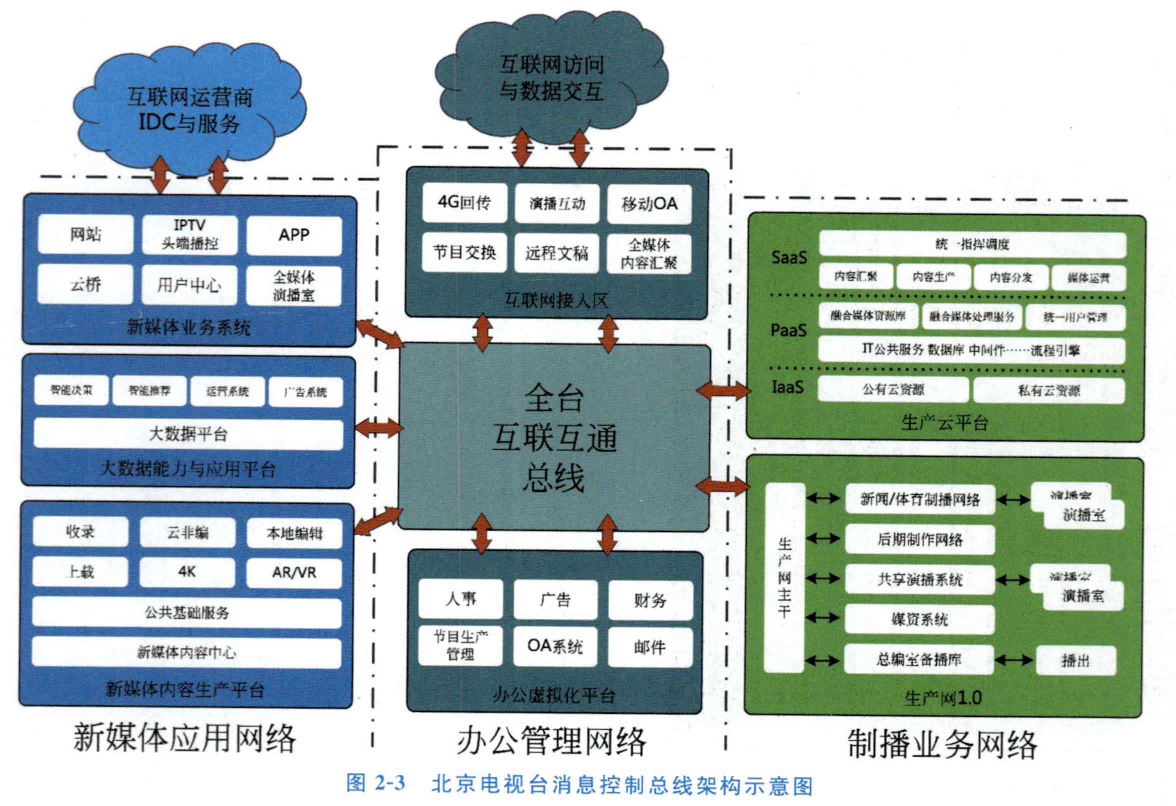

图 2-3　北京电视台消息控制总线架构示意图

台新媒体平台上线运营以来，技术平台很好地满足了业务需求，并通过技术创新推动了业务发展。

北京网络广播电视台网站“北京时间（btime.com）”，以“北京时间，直播中国”为口号，主打具有强烈时间刻度和现场感的直播态新闻，打造具有广泛影响力和竞争力的新媒体主流媒体。从2016 年 4 月 12 日上线至今，日均 PV 近 1 亿、日均 UV 上千万。每日全网发布的热点新闻 20 万条、视频内容发布功能区注册用户5 万，内容生产服务平台累计生产约 333 万条节目，日均生产约 300条。目前北京 IPTV 用户数约 240 万户，向下游联通电信两个运营商提供 147 个直播频道节目，其中包括北京新媒体集团自有的淘电影、淘剧场、淘 BABY、淘 DOG、淘娱乐、4K 超清共 6 个直播付费频道和大健康免费频道。包括回看、点播等应用用户数正在快速增长，并呈现全年龄段、中高收入人群的趋势。

北京电视台通过开展智慧媒体项目，以基础资源平台、业务应用集群、大数据系统为核心，建立“资源 + 平台 + 工具”的三层云架构转化模型，建设适配未来大众化、个性化媒体、社交媒体自媒体等多样化媒体形态的技术支撑体系；建立面向互联网应用、具备公共服务能力的社会化制作、播出和发布服务平台，建立基于新媒体业务的管理、决策和运营支撑平台。从技术体系角度在以往三网融合时代新媒体应用网络及其运转、管理的基础上，通过深化完善，实现与台内制播业务网络之间协同联动、融合发展的目标。

综上所述，经过近十年的标清化建设、高清化改造和智慧化革新，信息技术系统已经在整个技术体系中占据主导地位，信息化进程的加速趋势依然显著，如图 2-4 所示，节目生产、办公管理和新媒体应用三个系统群独立运行、互联互通、业务交织的格局初步形成，运行总体处于成熟稳定期。

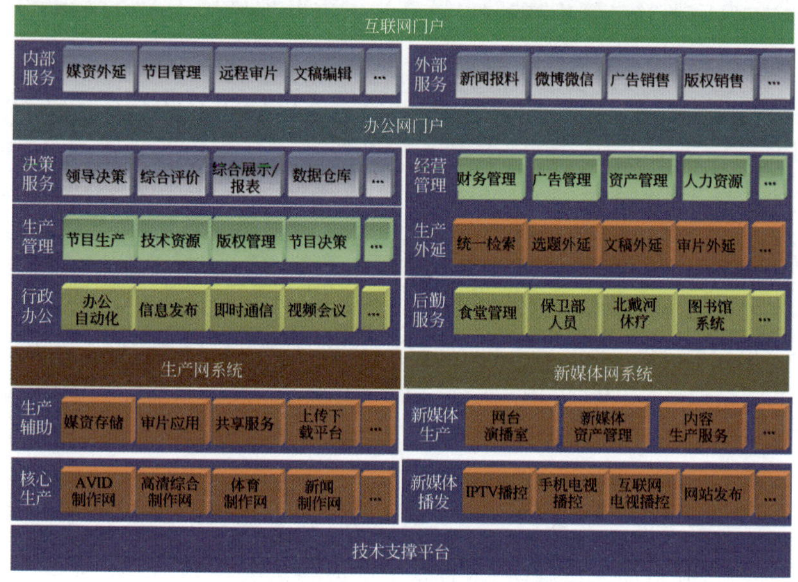

图 2-4　北京电视台应用系统总体架构示意图

2.2　现状分析

随着北京电视台信息技术项目建设发展，信息技术体系逐渐呈现 4 种不同态势。

2.2.1　两类技术系统

电视台技术系统分为基础架构不同、运行特征各异的两个组成部分，即信息技术系统和视音频技术系统，如图 2-5 所示。

目前，前者全面覆盖生产、资料、备播、管理、办公区域，后者在总控、传输、转播区域处于主导，双方主要交界于播出、演播区域的信号/文件转换环节。

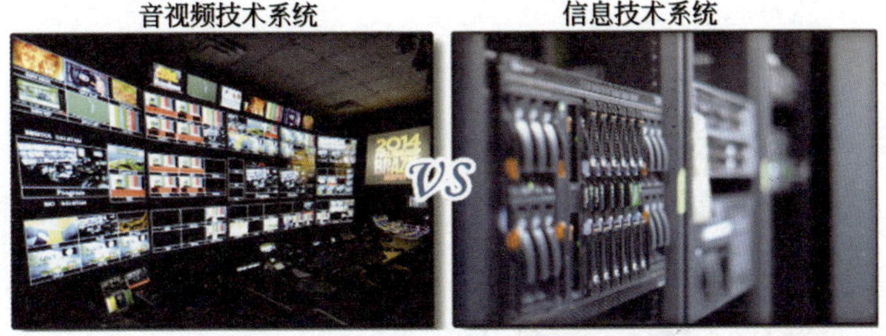

图 2-5　电视台两类技术系统示意图

近年来前者的发展速度远超后者。两类系统在技术演进层面相互渗透，在区域覆盖层面则呈现出前者逐步蚕食后者的特征。值得注意的是，近年来视音频技术系统基础架构的 IP 化成为热点，预示着两者之间的融合呈现加速趋势。电视台一体化的 IP 系统架构将为行业分享互联网技术发展红利奠定信息技术基础，此后以云化、数据化为特征的融合媒体技术平台也将不仅限于信息技术系统，而是涵盖完整的电视台技术体系范围。

也许在不远的将来，随着总控、演播室、转播车等视音频技术系统最后的阵地被攻克，两类技术系统的区分不再有实际意义，届时“IT works !”这句多年前电视台全台网建设时代喊出的口号才能真正成为现实。

2.2.2　两类系统架构

电视台信息技术系统在架构层面基本上分为两类，如图 2-6 所示。

一是从数据库、中间件到功能实现、操作界面，从资源到业务整合在同一个应用系统内部的竖井式架构；二是资源、平台层横向打通，再部署应用于其上的“平台 + 应用”架构。云计算即属后者。两者相比，后者对于业务用户而言可以享受到资源统一分配、动态

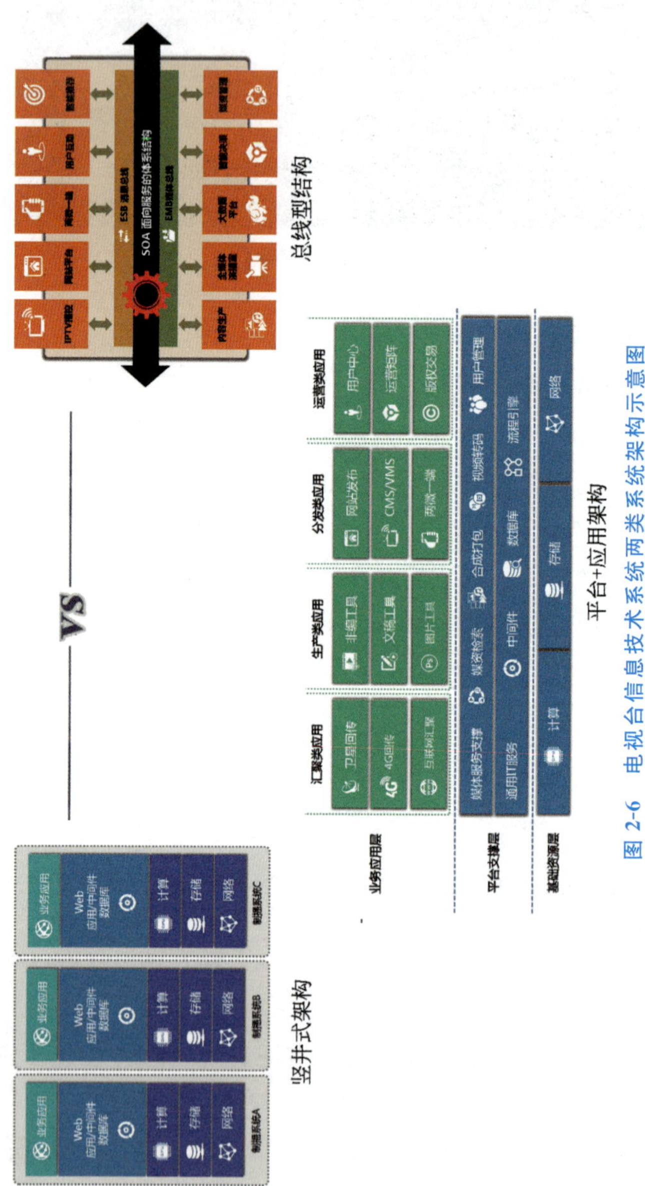

图 2-6 电视台信息技术系统两类系统架构示意图

调整的优势。同时，两者在管理、运维层面存在很大差异。

现阶段，电视台技术系统正处于前者向后者逐步转型的过程之中。考虑到“平台＋应用”架构对于标准、通用的要求相对较高，资源层、平台层、应用层内部以及相互之间的业务、管理接口比较复杂，而电视台应用的并发、实时特征以及规范化程度局限，都使得这种转型过程难以一蹴而就。

伴随着架构转型，应用层逐步迈向业务流程和内容管理剥离、后台处理集中化和前台操作工具化，并最终导致系统消亡。内容遵从业务规则从汇聚、生产到发布灵活流动，原先体现各系统集成厂商特征的复杂、固化的业务逻辑层将消失，从而形成全局业务规则统一管理、支持各种业务形态的大生产格局。

2.2.3　两种融合场景

媒体融合是电视台近年来的主要业务战略目标，技术体系的演进则随之亦步亦趋。从融合媒体技术平台建设角度看，大致存在两种场景，如图 2-7 所示。

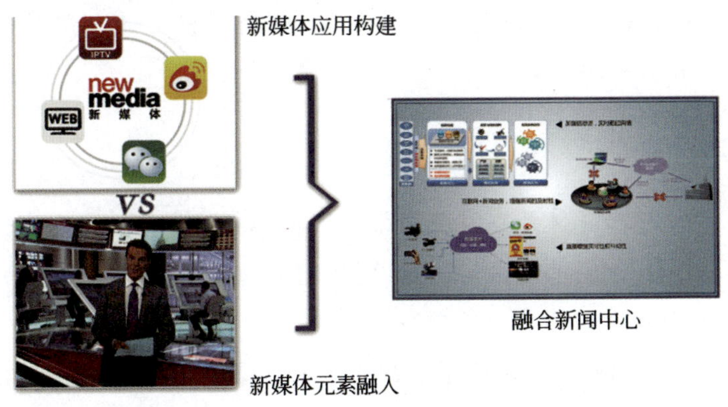

图 2-7　电视台技术体系两类融合场景示意图

一是所谓纯新媒体应用网络建设，包括 IPTV、APP、音视频网站等，更多体现“互联网 + ”的趋势，即传统媒体行业通过互联网思维、技术、产品、平台的引入，实现两者深度融合并产生新的经济发展形态；二是在现有传统媒体技术体系中融入新媒体因素，例如将视音频演播室、转播车拓展成为互联网栏目相关信息汇聚、全媒体互动和多渠道节目信息发布的平台，更多体现“电视 + ”的特征。

上述两种场景并不是完全独立和相互排斥的。选取某一传统电视业务领域作为融合对象，通过节目内容、形态、流程、渠道、终端等多层次的整合、重构，达到全媒体汇聚、共平台生产、多渠道发布的整体效果，实际上就是两种场景的有机结合。融合新闻中心建设即是这样的典型案例。在原有新闻制播系统基础上，以新闻直播演播室为中心、新闻制作网络为支撑，构筑信息内化和外化的桥梁，重点解决传统频道播出之外的新闻内容出口问题。在此情况下，上述场景一中的新媒体应用网络成为传统媒体内容生产的新发布渠道，同时借助场景二中的方法完成对原有系统的改造。相对而言，这是一种更为深度的融合方式，值得关注。

2.2.4 两种发展方向

电视台技术体系在发展道路上存在两种方向：一是内容输出品质和用户体验的提升，二是系统基础架构和本质特征的转型，如图 2-8 所示。

现阶段 4K 是呈现质量提升的代表，超高清代表了图像质量革命的主攻方向，是电视台提升内容服务水准的关键途径。除了高分辨率带来的用户体验提升之外，高色域、高动态范围也将直接推

图 2-8 电视台技术体系两种发展方向示意图

动电视终端的产品在呈现质量提升方向换代,包括超高清、立体电视、虚拟现实、沉浸式音频等。

在技术结构演进方向,从十年前首倡的文件化、网络化到当今流行的 IP 化、云化、数据化,一脉相承。该方向的本质是信息化,以技术设施信息化为基础。IT 既指信息技术,也指信息系统,文件、网络是其外在表现特征,IP 是其底层支撑协议,云计算、大数据则是现阶段的典型发展形式。信息系统包括设施和应用两个层面,在此基础上综合融入流程、管理、数据等业务层面的因素,就可以形成信息化雏形。

2.2.5 三个创新要素

电视台技术体系发展的根本依托和第一动力是创新,与之相关的三个要素分别是技术、模式和管理,其自身演变和相互作用构成了整体创新过程。如图 2-9 所示,技术进步推动模式发展,模式变革反过来拉动技术进步;模式发展引导管理适配,管理跟进反过来规范模式运行;管理变革寻求技术支持,技术进步反过来促进管理变革。

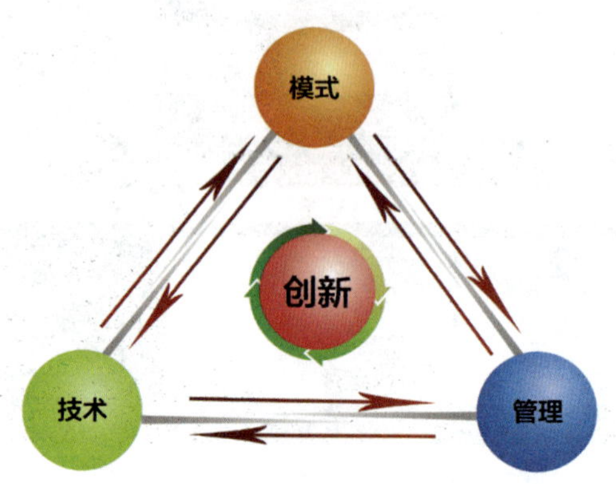

图 2-9　创新三要素关系示意图

创新要素三角关系的发展过程是同步进行、互为因果的。以云为例，新生的计算模式、基础架构等技术形式，有力支撑和推动了按需响应和自助服务的业务模式，业务模式变革则对资源和技术管理提出了更高要求；反过来模式和管理的提升要求资源形态颗粒度进一步细化，负载感知和适配灵敏度进一步锐化，以提供更高层次的技术支持，并引发新一轮相互作用过程。

在以往的电视台组织战略中，技术总体上处于辅助支撑作用。安全播出固然重要，但与收视、收入相比并无客观层面的直接关系。因此，如果技术体系寻求长期战略地位的提升，只有通过从保障到创新的转型。如何吃透创新要素及其体系的精髓，如何理解技术要素的特殊地位和关键作用，并以自身机制来撬动起步的车轮，磨合技术与内容、经营协同发展中的新定位，至关重要。

2.2.6　三点重点考虑

在系统、架构、场景、发展方向这些直线型思维对象之外，还有三点虽然不处于同一维度，但需要重点考虑，下面借用信息技术服务领域的相关理念进行阐述。

如图 2-10 所示，其一是管理，一种以流程为导向、客户为中心的方法，通过整合技术服务与组织业务，保障服务提供和支持水平。以往电视台技术管理体系往往带有浓厚的行政色彩，不一定能够适配业务形态和技术发展，需要遵从 PDCA 模型，涵盖组织的背景环境、领导作用，以及技术服务的策划、支持、运行、评价和改进过程。

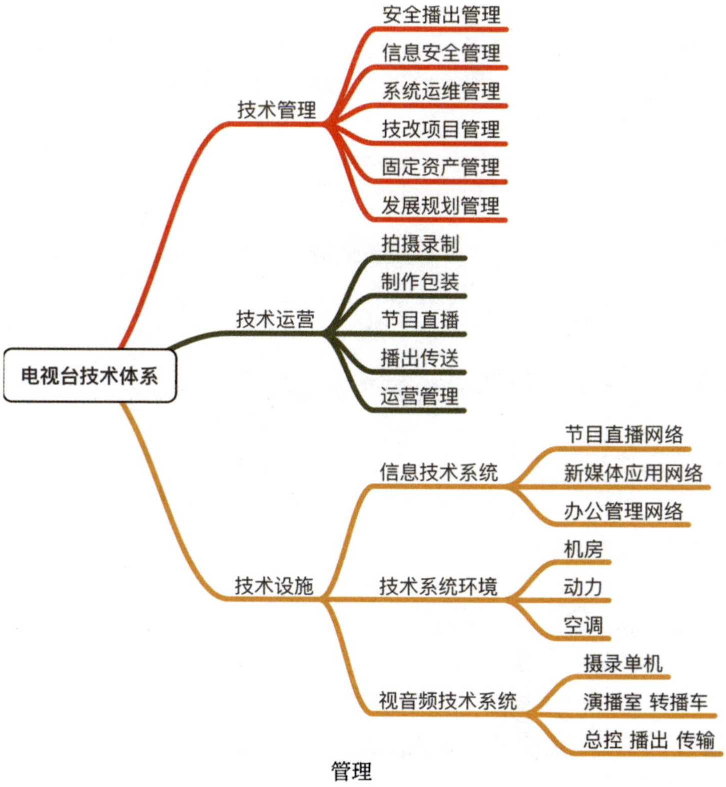

- 电视台技术体系
  - 技术管理
    - 安全播出管理
    - 信息安全管理
    - 系统运维管理
    - 技改项目管理
    - 固定资产管理
    - 发展规划管理
  - 技术运营
    - 拍摄录制
    - 制作包装
    - 节目直播
    - 播出传送
    - 运营管理
  - 技术设施
    - 信息技术系统
      - 节目直播网络
      - 新媒体应用网络
      - 办公管理网络
    - 技术系统环境
      - 机房
      - 动力
      - 空调
    - 视音频技术系统
      - 摄录单机
      - 演播室 转播车
      - 总控 播出 传输

管理

图 2-10　三点重点考虑示意图

策划
人员
人员管理 岗位结构
知识 技能 经验
资源
运行维护工具
服务台
备件库
知识库
改进
关键指标
实施
技术
研发
发现问题
解决问题
过程
服务级别管理 服务报告
事件管理 问题管理
配置管理 变更管理
发布管理 信息安全管理
检查
运维
启动静态布局计算
节点聚合
节点查找
7 19:09:49，共 97个，间隔：2h)
播放
快进

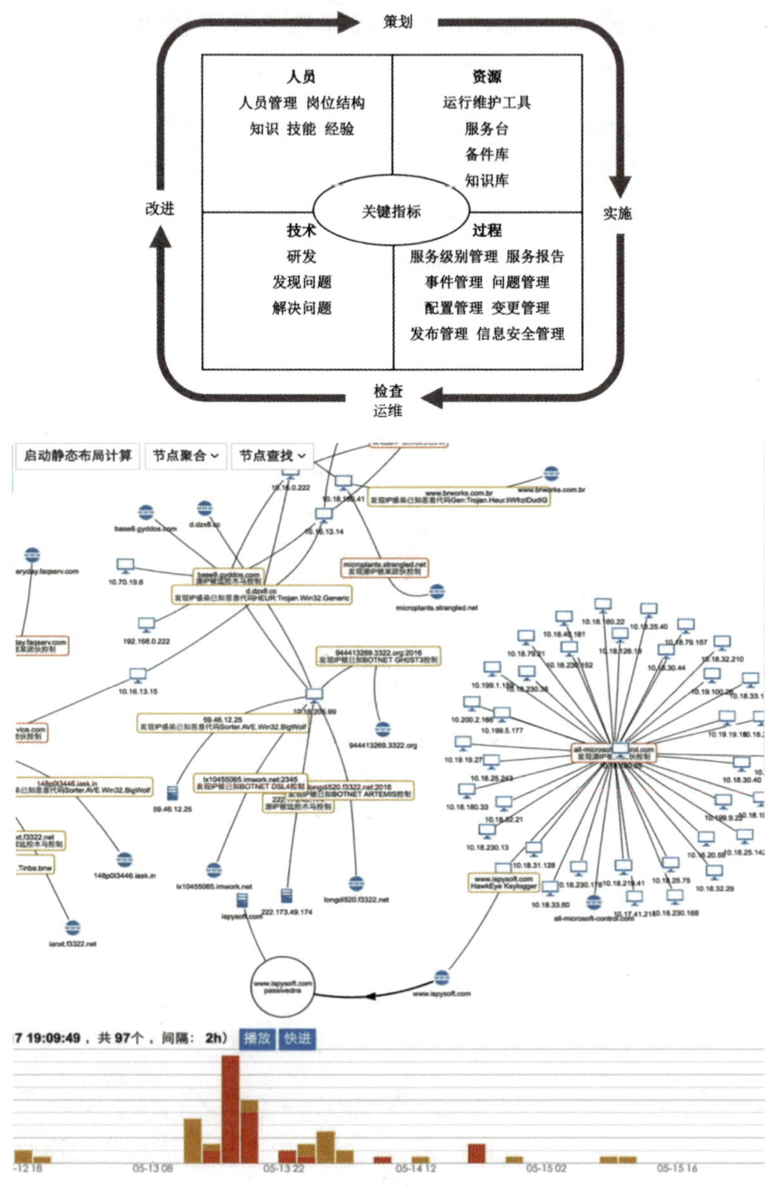

安全

图 2-10（续）

其二是运维，以体系框架反映其工作内容，以成熟度模型反映其实现精度。其中体系框架需要融合人员、资源、技术、过程四种能力要素，成熟度模型应该反映组织在实施、度量、控制和改善服务过程中各个阶段的发展水平。当前电视台技术系统运维的基础能力建设急待开展，并着重体现服务化、体系化和标准化特征。

其三是安全，在满足等级保护基本要求的基础上，应该明确电视台网络安全保障工作的定位、原则和策略：首先将范围控制在客观合理的工作面之内，以全网逐步取代系统作为操作对象，以综合成效为追求目标；其次以业务为主线确定平衡点来处理与安全之间的辩证关系，并根据应用特征选择与之适配的重点防护方法；最后合理配置管理手段并逐步提升技术手段的比重，内外、动静结合以应对漏洞和威胁带来的风险，通过安全大数据的治理和应用、安全态势的可视化感知和呈现为安全管理提供技术支撑。

2.3 问题与挑战

在电视台内部，对于技术体系而言，需求灵活、负载多变、新媒体融入、制播分离成为主题。外部形势驱动下的业务变革带给技术体系意想不到的压力，频道、栏目需求变化对于传统技术架构来说无序而夸张。对此无论应对或者无视，似乎均有进退失据之势。业务承载量波动在原有并发特征的基础上越发急促而剧烈，以往熟悉的调配手段显得失色。在内外形势不断变化的今天，广电行业也正面临前所未有的挑战。以下是对目前电视台技术体系运行过程中存在的问题及痛点梳理，目标是找到对策。

1. 技术

首先在技术体系中，对于应用层的定位过于臃肿，实现过于固化，对运行稳定性和业务灵活性构成威胁。例如一些功能性软件设计非常复杂，但其中大部分功能点的使用率甚低，且应用与流程挂钩，调整难以在业务甚至维护的配置层面完成。对此，通过应用功能向工具转变，即轻量化和解耦合，以及流程引擎的平台化，即流程与应用剥离，有望得到一定改善。

其次是流程运行效率低，由于存在系统概念和安全边界的概念，多次迁移所带来的数据流转耗时较长，尤其是与系统外部进行应用和数据级交互过程繁复。例如制作岛完成的节目成品备播流程需要多次迁移，生产类应用开放给台外时需要多级翻越和代理等。

再次是外部环境的技术发展十分迅猛，云计算、物联网、大数据等成为时下热点。云计算颠覆了个人计算，开创了崭新的技术领域，是互联网的广泛普及和深度应用。各厂商已经为云计算提供定制化的服务，根据服务付费，成熟的商业模式使得它可以更加快速地发展，已成为物联网和移动互联网发展的关键和基础，是发展的必经阶段。在质量呈现方面，包括 4K、环绕声、超高清、虚拟现实、沉浸式音频等技术代表了视听质量革命的主攻方向。以移动互联网为代表的新兴媒体迅猛发展，伴随着智能手机的普及，新媒体大行其道，传统媒体多重挤压，受众格局发生了巨大的变化。面对新媒体产生的大量结构化和非结构化用户数据，传统信息技术已经显得力不从心，而大数据几乎涉及所有领域的数据类型。随着“三网融合”提速和大数据时代的来临，移动互联网的井喷式发展使得以传统技术和基础信息技术为技术特征的电视台技术体系受到冲击。

2. 业务

对于业务运转及其技术支撑而言，该问题在业务层面突出表现为用户资源拥有量有限，例如存储容量；在技术层面，该问题表现为资源的全局、动态调配能力不足。由于以往技术架构采用竖井式架构作为技术系统建设基础，各系统软硬件设备功能丰富且配置过度，导致使用率低下和稳定性不足，各系统之间成为信息孤岛，随需求调配资源变得十分困难，资源封闭难以动态调整。随着信息技术不断发展，虚拟化、云架构的不断成熟和广泛应用，通过云架构资源层的横向打通和池化，以及平台层的动态调度功能，加上 IP 存储取代 FC 成为主流，解决矛盾冲突成为可能。

在电视台技术架构和系统、业务功能和流程的网络化与信息化初级阶段，做好整体平稳过渡和提供大规模生产能力，是初期的工作重点，而在解决矛盾的过程中往往采用一刀切的方式，强调一体化和集约化，忽略了业务的个性化需求。以节目后期编辑制作系统设计为例，系统设计偏重于技术视角，从业务角度进行设计的内容少，当时的环境下实质趋于同质化的多个应用系统、整齐划一的流程驱动模式，相对死板的账号及空间管理，成为电视台节目制播业务网络规划的主流，而用户被分配的存储容量有限，资源拥有量往往不能满足需求，应用的个性化支持明显不足，这更多是技术而非业务因素主导的结果。

3. 管理

以往电视台的技术管理经常是粗线条、经验式的，既无工具辅助，也缺少数据支持。毫无疑问，电视台技术管理将向现代企业管理机制靠拢，通过管理平台、管理工具的构建，以流程方式、服务形态、质量控制方法展开，其中数据是关键。

电视台信息系统蕴涵着业务、技术、管理、运维、安全等多个维度的数据资源，类型繁多、数量庞大，但一方面分散在各个应用系统之中、技术层面尚未打通整合，另一方面由不同的部门拥有和使用、管理层面封闭程度较高。总体而言不同类型数据之间的横向流动和综合分析很少，不仅数据利用效能低下，而且基础资源占用浪费。对于管理需求来说，缺乏专业化平台和行之有效的手段，无法为决策提供客观的数据支持。同时，应用系统支持力度弱，不少已建成系统设计较为封闭，重功能实现、轻管理支持的现象比较严重，很多具有广电行业特点、适配电视台业务场景的数据很难提取出来。对此，有必要在应用系统规划过程中突出全局设计需求，将管理需求考虑在内，并在部署实施阶段加大控制力度，确保需求实现水平。

4. 运维

运行维护是信息技术系统与传统视音频系统在运转过程中存在巨大差别的领域。与传统音视频系统相比，信息技术系统运维更加复杂，强调事前、事中、事后相结合，处理方法和手段也更需要专业工具的支撑。在信息技术系统的生命周期里，系统运维水准直接决定了应用水平的高低，需要予以系统化考量。

在过去的信息系统规划过程中，总是将监控作为应用系统内部的辅助功能予以实现，更多的心思和气力用在信息呈现上，并非以报警质量及其运维任务联动效应作为重点评估对象，对运维工作的实际支持力度不高。北京电视台现有运维系统虽然已经运行了一段时间，但与其他管理系统之间缺乏接口，自身也只是照搬信息技术服务标准中的事件、问题等几个流程，对提升服务质量的作用有限。在制播业务网络运维方面，大部分参与制播业务网络运维的人员技能远远不能达到运维实际要求，主要表现在技术水平、管理机制、知识水平参差不齐，人员储备、培训机制、岗位结构、绩效考核机制等不完善或不具备。定期巡检已经成为目前电视台制播业务网络运维活动的重要内容，但巡检内容大多仅限于关注设备状态灯及通过简单命令发现一些表面故障现象，缺乏深入发现隐蔽问题和系统持续优化的能力，遇到技术问题，排障能力差。运维服务管理总体上缺乏对参与到制播业务网络运维的各方人员统一有效的管理。整体运维服务管理理念贯彻不足，质量、成本、效能、风险因素的综合权衡不到位，并没有严格的 KPI 指标统计功能，对于服务质量的循环改善执行效果欠佳。

5. 安全

网络安全是信息技术系统与传统视音频系统在运转过程中存在巨大差别的另外一个领域。在广电传统媒体与新媒体加速融合新形势下，行业变革已进入一个新的历史时期。全台网、云计算、新媒体的发展既给广电带来前所未有的机遇，也带来前所未有的挑战。过去相对独立、分散的网络已经融合为深度关联、相互依赖的整体，系统边界也日渐模糊。而网络安全威胁的样式、攻击的手段都在发生着巨大变化，攻击者正在形成拥有强大技术、经济实力的有组织攻击团体，对于攻击目标的选择也更为明确，攻击动机已不再是为了技术突破，而是更具功利性。

在此形势下，参照传统的网络安全等级保护要求，以合规性建设为指导的思想已无法满足行业安全需求。网络安全防护战略的重点已经由单纯的风险预防逐步转向在监测、预警以及响应服务等方面实现理想平衡点，建立以运行态势感知和协同联动处置为目标的网络安全监测系统，及时获取安全措施的运行状态并对突发情况进行有效分析和判断，才能确保系统运转正常。

如今传统音视频行业遭受着互联网带来的巨大冲击。互联网所体现出的技术驱动、用户体验、应用快捷的形态特征成为电视台在新形势下难以回避的突出问题。大数据、云架构等新技术带来的优势极大地提高了业务生产效率，电视台原有的采用纵向贯通的竖井式构造为代表的技术体系，在技术、业务、管理、运维、安全各个方面已显得捉襟见肘，无法满足自身发展需要，更不能满足与互联网媒体的竞争需求。面对挑战，需立足己身，充分理解并吸纳互联网思维观点，基于自身特点寻找参与机会，引入新的理念与技术，从而提升自身竞争力。因此，改造和重构迫在眉睫，形成发展主旋律。

第3章 发展方向研究

3.1 总体思路

3.1.1 以技术、业务、管理、运维、安全为任务维度

作为针对电视台技术体系发展方向的研究，首先需要明确技术体系在组织战略中的现有地位和作用，并评估有无变革的需求和驱动。在以往的电视台组织战略中，技术总体上处于辅助支撑作用，与收视、收入相比并无客观层面的直接关系。因此，技术体系只有通过从保障到创新的转型，吃透创新要素及其关系的精髓，理解技术要素的特殊地位和关键作用，并以自身机制来撬动车轮，磨合技术与内容、经营协同发展中的新定位。电视台技术体系发展过程中，首先是组织立场，面临的是技术部门定位转型，即由保障、支持转而创新、驱动，切实谋求技术在创新体系中的关键位置；其次是推动角度，需要在以往技术、业务双线基础上纳入运营管理、系统运维、网络安全等因素，综合协调发展进程；最后是从实现层面，注重理论指导，尊重技术规律，强调信息化、智能化目标以及综合效能理念的达成。

在整个人类社会互联网发展的浪潮中，技术不再作为完全独立的因素而存在，它与业务之间的相互关联关系逐步强化乃至我中有你、你中有我，密切到难以明确分割，并与业务、管理共同组成了创新模式中互为支撑和驱动的三角关系模型。研究技术体系发展，避而不谈业务与管理，成为完全不可想象的事情。

电视台技术体系是由设施层以及位于其上的运转层、管理层组成的，设施层主要通过系统建设和改造去实现和完善其各种功能、性能目标，而运转层、管理层则主要工作在信息系统生命周期中的运维阶段。因此，研究技术体系发展，运维是必须涉及的维度。此外，信息系统的技术属性，导致网络安全因素在上述三层中均处于显著位置，特别是媒体融合过程中随着信息系统的主流地位和主导作用不断突出，网络安全与传统制播业务系统的安全播出需求一样，成为必须达成的保障目标。

本章后续将从技术、业务、管理、运维、安全五个基本任务维度，阐述电视台技术体系的发展方向，如图 3-1 所示。其中，技术作

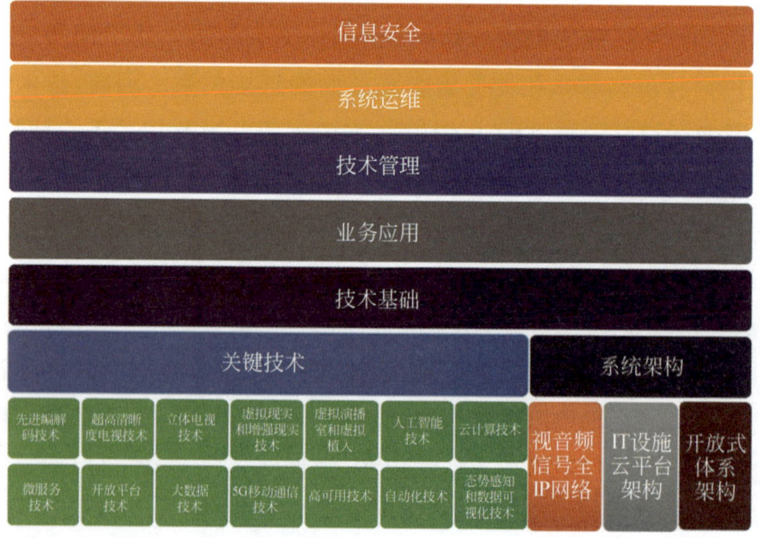

图 3-1　北京电视台技术体系发展任务维度示意图

为发展中的基础任务维度，将从关键技术、系统架构、数据治理三个层面进行介绍，然后依次展开后续维度。在每个任务维度的阐述中，除了含义、定位方面的概述之外，还通过近年来北京电视台的探索性实践，给出了未来发展的前景。

3.1.2　以信息化、融合化为基本目标，服务化、体系化、数据化、智能化为推进抓手

深入研究电视台技术体系的发展方向，除了维度问题外，还需要明确目标和方法。针对技术发展主题，目标主要包括两个层面：一是偏重技术自身层面的，二是与技术体系作为支撑对象密切相关的业务层面。对于前者，信息化是最为贴切和实用的理念，因为它从支撑角度道出了技术体系最为基本的发展诉求。不论是基础设施还是位于其上的运转层、管理层，都需要信息化的手段和工具去支撑。对于后者，融合化是现阶段乃至未来一段时间最为突出的业务发展需求，也是技术体系演进突出需要伴随、适配和满足的目标。因此，支撑信息化和拓展融合化成为电视台技术体系发展的基本目标。

为达到上述基本目标，方法必不可少。如图 3-2 所示，服务化、体系化作为微观策略和宏观架构层面的主要抓手，将为基本目标的实现奠定策略和架构上的基础；数据化、智能化则反映当今互联网发展的关键趋势，以数据为核心、实现全局智能，将为基本目标的实现指出方法和途径。

本章后续将在以五个任务维度展开阐述的同时，紧密结合以下两个基本目标和四个推进抓手，力图展现一幅电视台技术体系发展的立体蓝图。

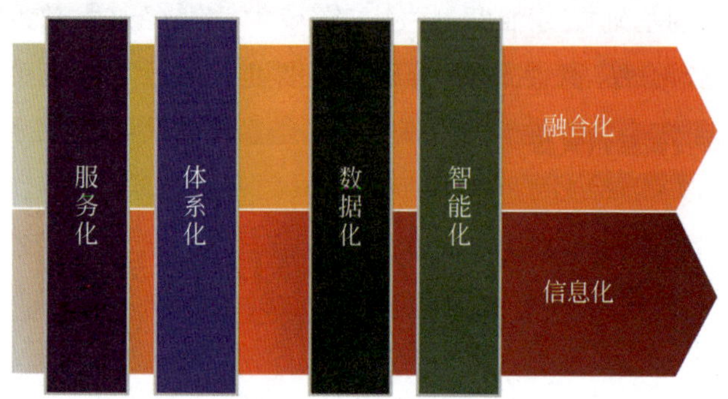

图 3-2 北京电视台技术体系发展目标和抓手示意图

3.1.2.1 支撑信息化

1. 概述

当今世界,信息技术创新日新月异,以数字化、网络化、智能化为特征的信息化浪潮蓬勃新奇。没有信息化就没有现代化,适应和引导经济发展新常态,增强发展新动力,需要将信息化贯穿我国现代化进程始终。近年来,电视台技术体系发展以信息化为最显著的特征。时至今日,信息技术与传统视音频技术领域交织融合,前者以文件为主要载体,主要分布于后期制作、节目播出、资料管理和行政办公等领域;后者以信号为主要载体,主要分布于演播室、转播车、信号总控、节目传输等领域。两者之间的界限逐步模糊,总体呈现出前者逐步渗透扩张的趋势。以演播室系统和拍摄设备为例,完全基于 IP 的综合性演播平台已经出现,而 P2、蓝光等信息化介质则成为摄像机的主流记录载体。因此,持续推进信息化进程是电视台技术系统发展的重要原则。

2. 理念

信息化的基础是技术设施的 IT 化,IT 本身既指信息化技术,也指信息化系统。后者包括软硬件设施和应用两个层面。在此基础上，综合融入流程、管理、数据等业务层面的要素，就可以完成面向信息化的过渡。对电视台技术体系而言，信息化发展可以提供资源共享机制、集约生产能力和科学管理水平，趋势毋庸置疑。如果现在设计一家新建电视台的技术架构，不论是以往信息技术还是视音频技术主导的领域，不论是节目生产还是行政办公，都可以考虑基于 IP 存储处理和传输交换的模式，全 IT 电视台已不是梦想。

3. 关注

首先，在技术体系架构中应按照基础设施和应用体系两个主要层面进行规划，以适应当前技术实现水平和未来业务发展需要。对于前者，着力体现横向梳理整合、统一管理分配的思路，构造应对所有业务应用需求的基础资源层，采用高密度高可用服务器集群、虚拟化平台、云资源管理技术等，确保资源整合水平与动态调配能力；对于后者，强调体系化原则，创建并逐步完善生产、管理、资料、办公等应用工具集，特别是支持新媒体元素融入与传统应用协同的功能，并通过各业务应用之间的互联互通和数据交换形成信息化整体格局。其次，信息化过程中应考虑整合与碎片化理念的交替应用：在基础技术资源管理上以整合为基本原则，尽可能通过自助服务方式对外提供资源和功能。在工具集实现上强调碎片化方式，将符合二八效应(即 80%用户用到的 20%功能)的应用剥离出来重点实现和维护，以保障稳定性和用户体验；将其余功能以附加型应用的方式提供，以满足个性化需求并控制单个应用规模。同时，全面支持敏捷开发和快速迭代。

3.1.2.2 拓展融合化

1. 概述

推动传统媒体和新兴媒体融合发展，是落实中央全面深化改革部署、推进宣传文化领域改革创新的一项重要任务，也是广播电视部门适应媒体格局深刻变化、提升主流媒体传播力、公信力、影响力和舆论引导能力的重要举措。近年来，广播电视系统深入贯彻落实中央部署，大力实施创新驱动发展战略，积极推动广播电视数字化、网络化、智能化发展，取得了显著成效。当前，随着云计算、大数据等新一代信息技术的迅猛发展和广泛应用，广播电视媒体融合发展面临新的机遇和挑战。在节目制作领域，电视台和制作公司在加快推进节目制作数字化、网络化的基础上，越来越多地采用云计算和大数据等技术，对“采、编、播、存、用”进行流程集约化、数字化、智能化改造，形成网络化协同制作的“云 + 网”制作模式，推动各级电视台在内容生产、传播方式、业务形态、服务模式、产业格局等多方面开展创新实践，为加快广播电视业态创新提供了全新的技术模式。

2. 理念

所谓融合是指在传统媒体的基础上，将全媒体功能、传播手段乃至组织结构等核心要素相融合，是信息传输渠道多元化下的新型运作模式。媒体融合态势下，传统媒体将与互联网、移动互联网等新兴媒体传播渠道有效结合，将具有即时海量传播、充分挖掘和整合信息资源、媒体资源一体化发展、生产要素有效融合、多媒体展示多终端传播等特征，实现资源共享、集中处理，能够衍生出多种形式的信息产品，多渠道广泛传播给受众。

3. 关注

融合媒体的节目数据量大并且以结构化、非结构化及半结构化文件呈现。特别是随着互联网海量资源的整合汇聚，以及高清、超高清、立体显示等新业务的发展，需要处理的数据呈几何级数增长，对数据存储、计算资源及管控模式提出了更高的要求。其节目制作方式更加精细、制作手段更加多样。在节目制作过程中大量运用虚拟植入等相关技术，对新闻、体育、天气、财经、娱乐等节目进行完美的现场包装，这些对数据量、计算速度都提出了更高的要求。融合化后产生的信息传播体现出社交化、移动化、视频化的趋势，需要充分利用数字、网络技术，通过互联网、宽带局域网、有线电视网、无线通信网、卫星等多种渠道，以及计算机、手机、电视等多种终端，向各类用户提供信息和娱乐服务。融合媒体相关业务对资源的共享时效、检索效率、展现方式、权限控制等提出了新的挑战，应能够智能地实现资源的聚合、存储、管理、展现和调用，并与各生产工具对接，面向各业务提供资源服务。

在融合媒体建设的过程中，刚开始可能会面临业务模式不清晰、机制体制缺乏配套、标准制定还不到位等诸多问题。因此，融合媒体平台的建设不可能一步到位，应在明确业务和技术发展总体战略的前提下，秉持“总体规划、分步实施”的原则，将现有全台网相关业务板块逐步迁移至融合媒体平台，并在此基础上开展创新业务试验，为融合媒体业务的开展奠定良好的技术基础。

在媒体融合发展过程中，既要做强做大传统媒体，同时又要重点发展新兴媒体。对于传统媒体发展，应有效融入新媒体元素；对于新媒体发展，应梳理网络电视台、手机电视、“两微一端”(微博、微信、移动客户端)等业务在内容汇聚、生产、管理和发布等环节的需求，总结和提炼以上业务形态的共性特征与个性特征，在融合媒体平台规划和建设中加以反映。

在确定总体策略后，还要制定分步实施的计划。在业务分析的基础上，可以有选择性地先建一些系统，进行技术和人才储备，再逐步扩大平台的规模，增加平台上的业务，并对基础架构、软件架构、应用架构、业务流程进行优化，逐步推进向融合媒体平台的过渡，实现既面向战略，又兼顾现有业务发展要求；既面向未来，又兼顾与现有媒体的衔接。首先在一些非核心业务、急待升级的业务或基于互联网的新业务中进行融合媒体平台建设尝试，积累云架构的技术储备；然后着手构建统一数据中心支撑基础 IaaS 架构，并根据业务发展情况按一定时间周期增加计算、网络和存储资源；研究 PaaS 层及 SaaS 相关应用；最后构建完善的 PaaS 层智能引擎，实现全台云架构。剥离原有用户、设备、系统、应用、数据之间的绑定关系，构建包括桌面池、计算池、存储池和应用池在内的新型信息技术架构；同时构建统一架构的、灵活性更强的内容管理中间层，有目标、有引导地完成各资源池的流转和运行，将原有全台网业务逐步迁移至融合媒体平台。

3.1.2.3 策略服务化

1. 概述

电视台技术体系中的支持保障工作主要包括两方面内容：一是技术支持，指维持业务应用正常运转所需要的功能性辅助任务，例如操作、创意等，与业务结合紧密；二是技术保障，指维持系统正常运行所需要的维护、维修和应急处理，属于技术本职，与业务相对独立。这两部分工作属于传统性质，但经过长期发展，面临规模、成本的雪球放大效应，需要注入新的服务化理念，即以信息技术服务的标准、规范来运作和评价，目标是提升质量、效能并控制成本与风险。

2. 理念

服务是由服务商提供、以协调一致方式满足用户需求的可用系统或功能。服务管理是在服务提供和支持过程中使用的战略、战术和运营级的概念和实践。关于信息技术服务管理(ITSM),国际信息技术领域权威研究机构 Gartner 认为,ITSM 是一套通过服务级别协议 SLA 来保证信息技术服务质量的协同流程,它融合了系统、网络、系统开发等管理活动和变更、资产、问题等管理流程的理论和实践。ITSM 领域国际权威组织信息技术服务管理论坛则认为,ITSM 是一种以流程为导向、以客户为中心的方法,通过整合信息技术服务与组织业务,提高组织信息技术服务提供和服务支持的能力及其水平。ITSM 的核心思想是: IT 组织,不管它是企业内部的还是外部的,都是信息技术服务提供者,其主要工作就是提供低成本、高质量的信息技术服务,而质量和成本则需从 IT 服务的用户方加以判断。

服务化突出应用于运维作业领域。现代服务及其管理观念源于 IT,适用于信息系统生命周期的各个阶段。对于安全运维而言,通过服务目录、服务级别协议、服务报告等过程环节和 PDCA 管理方法有效控制服务水平。将传统意义上的任务转化为规范化的服务形式,再运用服务管理手段进行周而复始的策划、实施、检查、改进,对于平衡安全运维工作的质量、进度、成本、风险要素至关重要。

3. 关注

由上述理念可知,在信息技术领域,服务及其管理早已形成理论体系并以最佳实践方式不断完善,实际涵盖范围也远远超出信息技术范畴。服务化过程中要掌控好有限与无限、规则和标准的问题。对于服务管理，客户满意度和服务成本之间的权衡是关键因素。以往过于强调提供全面周到的服务，在业务应用灵活多变、工作面急剧扩大而技术资源有限的情况下反而影响质量、隐伏风险。适时引入服务级别协议和服务目录的制定，可以导向规范之路。服务级别协议 SLA 是信息技术服务提供方和客户之间就服务提供中关键的服务目标及双方的责任等有关细节问题而签订的协议，一般根据客户体验以一种非技术化的语言描述有关服务项目，可以作为评价和调整有关信息技术服务的一个标准。服务目录 SC 是按照客户的语言习惯对日常服务项目所做的详细介绍，以及有关服务级别的简单概要。通过服务级别协议和服务目录的梳理，一方面可以促使技术部门作为服务提供方检视能力、组织资源、明确流程，另一方面可以帮助业务部门作为服务消费者了解技术支持的方式、方法和条件。换而言之，它们是一种重要的沟通工具，有助于引导用户的期望并有利于在服务提供方与其用户之间实现业务流程的整合。在电视台技术体系中的支持保障工作中充分汲取和应用服务化理念，可以较好地控制技术部门及其资源的投入规模，避免技术服务无限化带来的质量和风险问题。

3.1.2.4 架构体系化

1. 概述

在电视台技术体系的建设过程中，初期考虑更充分的往往是对运转能力的支持力度。实践证明，随着业务应用的深入，电视台的管理应与运转并重，并且更趋向体系化方向发展。管控架构体系化，可以避免以往模糊、零散、经验式的管理方法夹带的安全隐患，以专业化的态度、方法和工具去应对业务需求目标。致力于管控架构体系化建设，首先是管理与运转协同模式的强化确立，其次是过程与目标管理方法的综合应用。

2. 理念

电视台技术管理是对组织内部的技术资源运营活动进行组织、计划、指挥、监督和调节等一系列职能的总称，目标是促使组织活动富有成效。具体而言，技术管理的脉络包括上述安全播出、支持保障、系统发展、设备管理的方方面面，也涉及人员、制度、流程、任务等诸多因素。在电视台总体架构中，技术既是直接影响节目的重要因素，却又是处于非战略主导地位，更多体现在基础性支持保障范围内，若谋求向创新、驱动方向迈进，管理能力和水平至关重要。以安全播出为例，目前体制环境下，安全播出是电视台的生命线，多年来，电视台在贯彻和确保安全播出目标的过程中无不孜孜以求，经验和教训并存。根据国家新闻出版广电总局 62 号令，安全播出是指在广播电视节目播出、传输过程中的节目完整、信号安全和技术安全。安全播出管理体系不仅仅要求广播电视节目在播出及传输过程中确保完整和安全，同时也要求做到对与其业务相关的安全播出工作质量及风险进行掌控，其中包括为制定、实施、实现、评审和保持安全播出方针所需的组织机构、策划活动、职责、惯例、程序、过程和资源等。

3. 关注

电视台的架构体系化，除安全播出管理体系外，还应包括“运营”“运维”“安全”“资产”“项目”“规划”等。在目标管理中指出让企业的管理人员和员工亲自参与工作目标的制订，在工作中实行自我控制，并努力完成工作目标的方法。目标管理法属于结果导向型的考评方法，企业的目的和任务必须转化为目标，考评重点是工作成效和劳动结果。

在架构体系的运转过程中，首先应进行客观定位，将其作为总体业务需求目标和保障性要求，而不是技术和管理层面的本质规律。后者作为基础支撑，应该遵循和采用更加专业化的方法和手段。其次要避免需求实现的过度化，既不能把所有技术管理维度均纳入架构范围，也不要丧失成本和效能观念。最后，运转与管理活动是相互配合和制约的协同关系，以保障各自的相对独立性为前提，以共同参与和组成合理的业务流程链条为目标。在过程管理中指出，过程是通过使用资源和实施管理，将输入转化为输出的一项或一组活动。过程方法是对单个过程之间的联系以及过程的组合和相互作用进行连续的控制。以播出监控功能实现为例：播出系统的在线监控以实时信号为主，重点为值班员提供异常处理提示和参考；播后系统的内容监播以文件记录为主，重点支持事后回看以查明原因和认定责任。两者分别服务于安播业务运转和管理，并共同组成应急处理、事件处置和后续改进的链条。由此可见，以技术辅助运转，以流程支持管理，通过协作和制约保障全局，是目标管理和过程管理的综合应用，才能真正实现安播业务目标。

3.1.2.5 核心数据化

1. 概述

数据化主要是通过大数据能力平台和应用系统建设，将自营新媒体业务、互联网社交网络、传统媒体业务、技术系统运行数据纳入治理范围，支持广告和内容推荐、综合传播效果分析、系统/业务运行态势呈现，同时带动其他以数据支撑为特征的管理类系统，例如技术资源管理系统、广告业务统计分析系统等的建设。

2. 理念

数据化定位于智能化基础，提供数据支撑、形成应用闭环，数据治理能力和业务支持服务并重，实现真正意义上的用户中心和

业务主导，是技术发展承前启后的重要途径。数据已经渗透到每一个行业和业务领域，逐渐成为重要的生产因素和战略资产，蕴涵着巨大价值。大数据将成为贯穿整个内部运营环节的关键，是下一个创新、竞争、生产力提高的前沿。

依靠大数据的经营分析将企业内部决策与企业外部环境有机整合，可以实现内外部价值链的优化。在三网融合和媒体融合的趋势下，广电行业需要重新审视行业定位，将数据资源和数据价值提升到行业的核心战略中，衍生出一系列新型服务和业务，步步深化和层层挖掘大数据平台上的创新应用，提升广播电视行业的服务能力、创新能力和监管能力。

3. 关注

在媒体融合和大数据时代，数据急骤膨胀，各行各业都已经同大数据密不可分，它们一方面生产数据，另一方面又消费数据，各种类型的数据如影相随、挥之不去。传统媒体时代，电视台日常生产以视音频数据为核心。而融合媒体时代，从数据类型角度分析，主要由三类数据构成：结构化数据、非结构化数据和半结构化数据。融合生产需要根据数据的模型与特点，采用创新思维，积极推动媒体转型升级和融合拓展，赋予媒体新的定位、功能和使命，使融合媒体产品更加简明、直观和立体化、个性化。

融合媒体时代，生产从信息采集、鉴别、加工、制作、传播到市场分析、精准营销、经营管理等，都需要对庞大的传播者数据、内容数据、媒介数据、受众数据等进行挖掘、分析和整理，以进一步提高媒体经营管理的水平和新闻传播的效果，不断提高媒体的社会效益和经济效益。因此，数据将成为电视台日常生产的核心。

与云化相比，数据化是更为新鲜的事物。数据收集、处理、分析、反馈的过程虽不陌生，但以往应用系统一般缺乏相应支持，且从大数据应用角度出发，除了直接业务支持型的新媒体内容、广告推荐之外，其他为管理、运维、运营提供支撑作用的数据应用仍然需求不明。此外，应用推广中发现台级大数据应用的规划和运行难度更大，但是栏目一级的应用空间相对宽松，且容易形成反馈闭环，例如，《军情解码》栏目的微信公众号以基于数据服务的舆情分析为支撑，运行得有声有色。

3.1.2.6　全局智能化

1. 概述

所谓智能化，实质是通过系统与应用之间的灵活适配提升业务的自动化和运行透明度，充分发挥网络化应用的效率和方便性优势，提高总体应用效果。电视台技术体系是一个庞大、复杂、多样的综合性系统，大型应用系统不下几十个，设备数量可能多达数万件，如何使信息资源得到有效利用，提高信息服务的有效性，已经成为一个急待解决的痛点。

2. 理念

智能化体现了对业务流转的适配，对电视台节目制播业务网络整体环境而言，智能化需求是全局性的，应该深入到系统架构、工作机制、应用功能、业务流程、数据安全的方方面面。随着大数据及云技术的广泛应用，应用系统由纵向竖井式向云架构改造，大力推动虚拟化平台应用，并据此促进在线技术资源整合和动态调配，使得资源封闭难以动态调整成为可能。

3. 关注

北京电视台高标清兼容网络化节目制播体系在系统高可用性和智能化方面，进行了大量实践，如在后期制作网络区域，分布式打包、资源项目制管理策略、自动技术审查手段、双线审片机制、自

动唱词适配功能等，提升了业务运行效率、降低了人员需求，取得了显著成效。上述案例中提到的不过是我们近年来在网络化应用深入过程中，通过实际运行经验得到的一些积累，是对系统进行改造革新的部分措施。可以预计，这种改造和革新将贯穿系统运行的整个生命周期，这也正是网络化相对于传统视音频系统的优势和魅力所在。

今后，我们仍将继续推进这方面的深入应用，重点工作方向包括网络安全等保机制、语音图像自动识别技术、内容搜索和网台互动功能等。其中等保机制将为制播业务网络提供高可靠的网络安全支撑，视音频智能分析将广泛应用于网内外数据存储、交换的合法性和内容检测，而搜索和互动功能将更加强调智能化程度，尤其是针对用户使用行为的智能化分析和关联能力。这些不断针对系统可靠性和运转智能化目标进行的革新和改造，将逐步为电视台网络化制播体系构建一个真正的高可靠性、高智能度运行环境，使节目生产业务能够充分享受到网络化的应用效果。

综上所述，以信息化、融合化为发展目标，贯彻服务化、体系化、数据化、智能化的全局方针，将会成为电视台技术体系建设获取实效的有力保证。

信息化是一切发展的基础支撑，也是一直不断追求的目标。从十年前首倡的文件化、网络化到当今流行的 IP 化、云化、数据化，一脉相承，该方向的本质是信息化，以技术设施信息化为基础。IT 既指信息技术，也指信息系统，文件、网络是其外在表现特征，IP 是其底层支撑协议，云计算、大数据则是现阶段的典型发展形式。信息系统包括设施和应用两个层面，在此基础上综合融入流程、管理、数据等业务层面的因素，就可以形成信息化雏形。信息化让传统电视台集成内容产业的优势和技术手段的先进性为一体，媒体资源由分散到集中，设备资源由专有到共有，有利于提高各种资源的使用率，是发挥传统媒体优势、改善传统媒体生存环境、拓展发展空间的迫切要求和最好途径。随着电视台信息化工作的推进，不仅将促进电视台内部的发展、促进整个广电技术产业的快速发展，也将促进平面、互联网等相关媒体行业的发展。

融合化突出应用于业务应用领域。既要满足生产发布流程的便捷化、智能化，又要实现网络、微信、APP 等全媒体发布、分发的统一管理，还要建立统一的数据分析平台，实现海量数据的挖掘以及用户行为的精确分析，增强融合媒体运营的综合竞争力。

服务化突出应用于运维作业领域。现代服务及其管理观念源于信息技术，适用于信息系统生命周期的各个阶段。通过服务目录、服务级别协议、服务报告等过程环节和 PDCA 管理方法，有效控制服务水平。将传统意义上的任务转化为规范化的服务形式，运用服务管理手段进行策划、实施、检查、改进，对于平衡安全运维工作的质量、进度、成本、风险要素至关重要。

体系化突出应用于理论研究领域。管控架构的建设是一项短板效应极为显著的工作，一点漏洞就有可能导致全局崩溃。因此，在前瞻性理论研究中应注意贯彻体系化方针，运用清晰、严密、系统的逻辑构建需求目标和实现模型，从而形成完整、翔实的任务框架以指导具体工作的开展。从全局角度审视，宏观工作层面的体系化将与微观任务层面的服务化一起，构成实质性改进的蓝图。

数据化突出应用于系统建设领域。现阶段技术系统的规划和建设中，数据核心理念以及数据化方针的确立十分关键，网络安全领域尤为如此。以数据为核心来规划系统架构和应用功能，运用数据收集、处理、分析、反馈能力来反应安全态势、预警安全

事件、追溯异常行为，让安全大数据取代模糊经验判断成为整个网络安全工作的基础支撑，使数据化成为提升管理水平的主要动力。

智能化突出应用于技术资源领域。通过设备、系统、业务、信息等多层面的逐级整合，不仅提升了智能化能力，也使得资源潜力被充分发挥，业务运行更趋于合理状态。不断针对系统可靠性和运转智能化目标进行的革新和改造，将逐步为电视台网络化制播体系构建一个真正的高可靠性、高智能度运行环境，使节目生产业务能够充分享受到网络化的应用效果。

3.2　技术基础

当前是技术飞速发展的阶段。在电视视音频技术领域，超高清、虚拟现实（VR）/增强现实（AR）/混合现实（MR）、沉浸式音频等技术突飞猛进；在信息通信技术领域，云计算、大数据、移动互联网、万物互联等技术日新月异。现阶段发展过程中需要处理好这两种技术发展方向的融合演进过程，在架构转型、平台支撑、应用配置等方面做好系统级规划，在管理、运维、安全等方面做好全局性布局。首先，需要确立信息技术在整个电视台技术体系中的主导地位，通过信息化进程带动技术体系的全面发展。其次，采纳互联网用户优先的思维方式，强调技术体系以规范化、标准化的模式为业务提供优质服务，在跨越项目建设、系统运维的技术系统完整生命周期内为组织战略的执行发挥关键作用。最后，在实现跨越式发展目标的同时，不应忽视技术自身的客观需要，特别注重对以往运转的痛点和发展中滋生的新问题的有效解决，如此才能脚踏实地，兼顾发展与稳定。

3.2.1 关键技术

3.2.1.1 概述

随着信息技术的普及和视音频数字技术的发展和提高，电视节目制作的采、编、播基本上已经摆脱了磁带，完全由计算机控制并完成，并且实现了网络化，加速了工作流程，提高了工作效率。其中视音频、信息、通信、安全等关键技术在信息技术体系发展中起到了重要支撑作用。

在信息网络不断发展的今天，整个广电系统体系中，节目的制作、存储、管理和播出都已通过网络实现数字化和网络化。2009 年以前，我国电视节目以标清格式进行播出为主。2009 年起，国家新闻出版广电总局积极推动高标清同播，是发展高清电视的重大政策举措。随着各地高清制播体系建设的发展，高清频道的全高清播出目标也已基本实现。基础组网技术、先进的网络交换架构，以及共享型文件系统可以提供足够的带宽以应对电视台制播系统中大量高质量视音频数据的稳定传输，如今网络化的电视制播系统已经占有着绝对重要的地位。

与此同时，电视制作技术也在快速发展，非线性编辑技术利用剪切、粘贴等方法将存储在硬盘中的影像进行无规则编辑。相对传统编辑，非线性编辑技术具有高效灵活、制作精良等优点，非线性编辑系统也成为电视节目制作领域的主流设备。

播出自动化技术，是在安全、高效、可靠的前提下用于解决电视台节目数量和播出时间日益增加、播出频道和信号源日益复杂的问题。通过网络化，自动化播出控制系统可以更加方便、快捷地控制和调整节目的播出内容和播出顺序，替代传统的“信号源-切换开关-矩阵输出”的模式，从而减少人工操作工作强度高、效率低下、

人为误操作易造成播出事故等缺陷，同时还能解决共享信号源的问题，实现播出系统的优化。

网络安全技术指的是在网络信息化建设中，按照业务性质和所处位置不同，通过防病毒软件、防火墙、链路控制、等级保护安全策略以及权限控制等手段，对所在系统的安全采取的技术保障手段。从信息产品和技术诞生的那天起，网络安全技术也就随之诞生，并伴随着信息技术的进步不断升级。

如今，“互联网＋”意味着传统行业通过互联网思维、技术、产品、平台的引入，实现两者深度融合并产生新的经济发展形态。各组织机构都在寻求充分发挥互联网在行业资源配置中的优化和集成作用，将互联网的创新成果深度应用并融合于本领域，从而提升生产力和竞争力。制造、金融乃至广电行业莫不如此。

在此背景之下，电视台技术体系特别是其中与内容生产相关的核心系统，面临着深度转型、创新发展的机遇与挑战。云计算、大数据、自动化作为互联网最重要的技术发展方向，自然成为该领域融合创新的重要途径。

在梳理过程中，将与我们的发展目标相关、需要采用和关注的关键技术进行列举，北京电视台信息技术体系建设也是在现有基础技术之上，以云计算、大数据、自动化为主的关键技术作为依托，以新媒体业务需求为主导，聚焦智慧，为媒体融合发展构建信息化支撑。

3.2.1.2　详解

1. 先进音视频编解码技术

20 世纪 90 年代互联网技术快速普及，到 21 世纪初由于智能手机的推广，移动互联网技术也进入了高速发展的阶段。随着网络技术的飞速发展，基于互联网的各类应用不断涌现，信源编码技术和网络带宽的提升推动了基于互联网技术的视频业务应用快速增长，以应对各类视频业务需求和网络技术的革新。

数字电视从标清、高清向超高清快速发展的同时，也带来了视频图像数据量剧增的问题。非压缩的视频图像的传输速率从标清的 270Mbps 提高到高清的 1.5Gbps 以及超高清的 12Gbps，远远超过了存储空间和传输带宽的承受能力。因此，视频压缩成为了数字视频领域发展的核心问题。

虽然 H.264 编码技术可以基本满足现在基于高清的网络视频传输和业务应用，更高效率的 H.265 编码也已经开始在 4K 视频分发业务上进行应用，但这些业务应用仅是最近十年的互联网视频业务发展历程，未来将出现的更高清晰度视频、裸眼 3D 业务等对网络接入带宽和编码技术提出了更高的技术要求，因此视频压缩编码技术将面临更多新兴业务需求的技术压力。

AVS(Audio Video Coding Standard，音视频编码标准)是《信息技术先进音视频编码》系列标准的简称，是我国具备自主知识产权的第二代信源编码标准，是我国自主创新的音视频编码技术。AVS 具有编码效率高、算法复杂度低、软硬件实现成本低、专利收费低等特点，标准压缩比率是 MPEG-2 的两倍。H.264 的压缩比率虽与 AVS 相当，但实现复杂度却要比 AVS 高出 30%～70%。AVS 标准作为广播电视的视频编码，可取代国外标准，用于解决广播电视行业面临的频道资源问题，是今后编解码技术的发展趋势。

AVS 标准自 2002 年以来，已经制定了三代。第一代 AVS 标准实现了地面数字电视的全国覆盖，使我国数字音视频产业实现了从“中国制造”到“中国创造”的规模化战略转型。第二代 AVS 标准 AVS2 在广播电视与高清视频编码的性能优势突显，相比国际标准更为先进，在监控视频编码方面更是完全领先，AVS2 标准从技术源头上支撑我国视频产业的发展，使我国音视频技术和产业正式进入“超高清”和“超高效”的“双超时代”。2018 年 8 月底，国家新闻出版广电总局向各省广电局、中央广播电视总台办公厅和总局直属各单位印发了《4K 超高清电视技术应用实施指南(2018 版)》(简称《实施指南》)。《实施指南》中明确指出：视频编码采用 AVS2 标准。这标志着继第一代 AVS 标准在得以全面推广应用后第二代 AVS 标准(AVS2)凭借自身优异的性能和自主知识产权，成为了《实施指南》唯一采用的视频编码标准。2018 年 10 月，中央广播电视总台开播 CCTV 4K 超高清频道，采用了 AVS2 国家标准，成为我国首个上星超高清电视频道。

为满足我国 8K 及 5G 产业应用的需要，AVS 工作组紧锣密鼓地开展了第三代标准 AVS3 的制定工作。AVS3 的正式名称为《信息技术 智能媒体编码 第 2 部分 视频》，已向国标委申请立项。AVS3 是 8K 超高清视频编码标准，为新兴的 5G 媒体应用、虚拟现实媒体、智能安防等应用提供技术规范，引领未来五到十年 8K 超高清和虚拟现实(VR)视频产业的发展。2019 年 3 月 9 日，AVS3 基准档次起草完成，将于 2022 年投入应用，我国的 AVS3 + 5G + 8K 产业发展将有领先全球的部署。

2. 超高清晰度电视技术

超高清晰度电视是一种数字视频标准，其内涵范畴不仅包括高分辨率，还包括高动态范围、宽色域、高帧频、高位深等多重含义。高分辨率提升了画面精细度，高动态范围为图像增加了亮部和暗部细节，宽色域提供了丰富的色彩呈现，高帧频优化了动态画面的视觉体验，高位深使色彩层次过渡更为细腻。在家庭和公共场所使用环境相对应的合适显示器尺寸上，超高清晰度电视画面呈现几乎涵盖人类视野全部范围的宽视场，使实际显示效果等于或接近于由视力正常的观众观看现场表演时所取得的印象，已达到或接近于35毫米宽银幕影片首轮放映的画面观看效果。

UHDTV是Ultra High Dcfinition Tclcvision的缩写，代表“超高清电视”，是HDTV的下一代技术。UHDTV是国际电信联盟（ITU）日前拟定的一个关于超高清电视（UHDTV）规格的推荐草案，该草案规定了4K（3840×2160）和8K（7680×4320）超高清显示屏的技术标准，这一技术现已问世，相对HDTV（High Definition Television）有了更高的分辨率，更大的可视角度，带来了更强的视觉冲击。第一部完善的UHDTV标准由SMPTE于2009年制定并颁布，随后ITU于2012年颁布了Rec. ITU-R BT. 2020《超高清晰度电视系统节目制作和国际交换用参数值》。SMPTE和ITU的这两部标准核心内容区别不大，且两者分别在2013年和2014年进行了版本更新。UHDTV的出现意味着一种新的电影媒体和制作工具的诞生，同时也标志着真正的家庭影院的梦想得以实现。目前，4K/8K超高清电视技术的发展推动了整个产业链的技术变革，相关主流厂商在采录、编辑、传输、播出、存储等环节的4K/8K技术产品正逐渐成熟。

2019年2月，工业和信息化部、国家新闻出版广电总局、中央广播电视总台联合发布了印发《超高清视频产业发展行动计划（2019-2022年）》（工信部联电子〔2019〕56号）的通知，要求包括广电行业在内的相关单位大力推进超高清视频产业发展和相关领域的应用，逐步开设超高清频道，不断提升超高清产能，并在有线电视网络和IPTV分发平台开展超高清节目传输和点播业务。

2017年年底，广东广播电视台4K超高清电视试验播出正式启动；2018年，国家新闻出版广电总局批复同意广东广播电视台综

艺频道调整为4K超高清方式播出。2018年10月,中央广播电视总台开播4K超高清试验频道。截至2019年8月,2020年东京奥运会、2022年北京冬奥会、杭州亚运会转播报道也已确定全面采用超高清信号格式。

2019年9月,北京市经信局、超高清视频(北京)制作技术协同中心推动建造的全球第一辆8K转播车在2019篮球世界杯北京赛区赛事转播实验中投入使用。比赛过程中,该转播车输出的8K信号通过5G网络传输到场馆外的一座超大屏幕上,给现场观众带来更真实的临场感和沉浸式体验。

高质量内容所带来的视听享受是广播影视相对于其他信息内容的最大优势。对完美图像和画质的不懈追求,是广播影视技术演进的目标,也是行业发展的一条主线。在呈现质量提升方向,包括超高清、立体电视、虚拟现实、沉浸式音频等分支,现阶段4K是其代表。4K节目制播的下一步发展目标是8K。前者可以视为后者发展进程中的必要途径和准备阶段,高动态范围HDR、宽色域WCG等电视清晰度之外的关键技术跃进都要在目前高清向4K升级转换阶段完成,从而为8K应用奠定基础。超高清代表了图像质量革命的主攻方向,是电视台提升内容服务水准的关键途径。除了高分辨率带来的用户体验提升之外,高色域、高动态范围也将直接推动电视终端的产品换代进程。

3. 虚拟现实和增强现实技术

VR(Virtual Reality,虚拟现实技术)也称虚拟环境,是利用计算机模拟产生一个三维空间的虚拟世界,提供用户关于视觉等感官的模拟,让用户感觉仿佛身临其境,可以即时、没有限制地观察三维空间内的事物。用户进行位置移动时,计算机可以立即进行复杂的运算,将精确的三维世界影像传回产生临场感。该技术集成了计算机图形、计算机仿真、人工智能、感应、显示及网络并行处理等技术的最新发展成果，是一种由计算机技术辅助生成的高技术模拟系统。

AR（Augmented Reality，增强现实技术）是一种实时地计算摄影机影像的位置及角度并加上相应图像、视频、3D 模型的技术，这种技术的目标是在屏幕上把虚拟世界套在现实世界并进行互动。

简单来说，虚拟现实（VR）看到的场景和人物全是假的，是把你的意识带入一个虚拟的世界。增强现实（AR）看到的场景和人物一部分是真的一部分是假的，是把虚拟的信息带入到现实世界中。随着设备计算能力、图像处理能力以及网络连接能力的增强，AR 应用将越来越广泛。VR 尚处于初级阶段，内容和应用匮乏，佩戴舒适度、人机交互等问题依然是难点。

4. 虚拟演播室和虚拟植入技术

虚拟演播室和虚拟植入技术是将计算机制作的虚拟三维场景、虚拟物件与电视摄像机现场拍摄的人物活动实景图像进行数字化的实时合成的视觉呈现技术。两者基于同一技术原理，依托虚拟追踪和图形实时渲染，实现虚拟场景、虚拟物件与实景人物、道具的无缝融合。其中虚拟演播室技术的核心功能是实现虚拟背景，利用蓝箱和色键器对现场主持人活动进行抠像，虚拟场景作为主持人背景出现在画面中。虚拟植入技术的核心功能是实现虚拟前景，现场制作过程中无须蓝箱和色键器参与，现场拍摄的图像是实景画面，三维虚拟物件出现在主持人的前面，从而实现虚实结合的效果。

与传统演播室相比，虚拟演播室和虚拟植入技术的优势在于：虚拟背景、虚拟物件的制作突破演播室空间限制，帮助创作人员充分发挥想象力，通过虚实结合等方式为观众提供全新视觉体验；同时虚拟场景的切换、转场极为便捷，同一演播室可以连续支持多场不同主题、不同场景节目录制，有效提高技术资源利用率。虚拟技术的应用效果不仅与三维建模开发团队的技术能力、人员配备、资源投入水平密切相关，同时还要对业务模式进行相应调整，保证开发团队在节目策划初期参与到创作过程中，以便完整体现主创意图，与节目内容充分适配。

目前虚拟演播室和虚拟植入技术广泛应用于电视购物、新闻播报、天气预报以及一些广告中。随着媒体融合转型逐步走向深入，虚拟技术在直播互动场景下发挥了重要价值。通过在传统视音频演播室引入虚拟植入、虚拟演播室技术，结合“两微一端”社交媒体数据汇聚、大屏包装等新媒体技术手段，将用户互动内容有机融入现场制作环节并加以呈现，使互联网用户和观众实时参与到内容生产过程中，为探索全新节目形态提供技术支撑。

5. 云计算技术

云计算是分布式处理、并行处理、网格计算的发展，是虚拟化、效用计算、IaaS、PaaS、SaaS 等概念混合跃升的结果。基本原理是将计算任务分布在云端大量的分布式计算机上，数据也存储在云端，使得企业将有限的资源切换到需要的应用上，降低企业运行的成本。简单来说，就是把分布在网络上的服务器硬件及软件资源整合起来以提供服务，如提供大型运算、网络储存、云应用等。云计算带来的结果是中小企业不需要购置专门的计算机系统去满足某一应用需求，只需要向云计算中心支付服务费即可获得相应服务，而云计算中心则是大规模的云，以向用户提供服务。总的来说，云计算具有如下的特点：超大规模云计算集群、虚拟化、高可靠性、通用性、按需服务、收费廉价。

随着云计算步入第二个发展10年，全球云计算市场趋于稳定增长，我国云计算市场处于高速增长阶段。容器、微服务、DevOps等技术在不断推动着云计算的变革。云计算的应用已经深入到政府、金融、工业、交通、物流、医疗健康等传统行业。相比2017年，2018年我国云计算市场整体增幅达39.2%，预计2019年至2029年仍将一直保持增长态势。据中国信息通信研究院发布的《云计算发展白皮书》(2019年)统计，我国的专有云市场中硬件市场占主导，为70.6%，与企业采用硬件、软件整体解决方案部署专有云，少数企业单独采购和部署虚拟化软件，硬件厂商仍是私有云市场的主要服务者，未来，随着硬件设备标准化程度和软件异构能力的提升，软件和服务的市场占比预计将会有明显提升。从用户角度来看，企业选择专有云的首要原因是可控性强、安全性好，但大多数企业并没有把核心业务系统运行在专有云上，企业管理系统是专有云承载的主要应用。随着云计算的发展，单纯的公有云或私有云已经很难满足现有业务需求，混合云解决方案在部署互联网化应用并提供最佳性能的同时，还可以保障私有云本地数据中心所具备的安全性和可靠性。同时，混合云将企业信息系统运营模式由基础架构为核心转变为以应用为核心，使得企业信息系统可以结合本地传统数据中心和云服务来找到部署应用程序的“最佳执行地点”。

云计算服务作为一种新兴的计算资源利用方式，还在不断发展之中，传统信息系统的安全问题在云计算环境中大多依然存在，与此同时还出现了一些新的网络安全问题和风险。由于云服务商数据中心资源的规模化和集中化，数据中心、网络链路等物理设施的人为破坏和故障造成的影响将会进一步扩大，这对服务商的运维水平提出巨大考验；公共云服务提供商向用户提供大量一致化的基础软件（如操作系统、数据库等）资源，这些基础软件的漏洞也会造成大范围的安全问题与服务隐患；客户对数据和业务系统的控制能力减弱、数据丢失和泄漏、共享技术漏洞、账户服务、通信劫持以及不安全的应用程序接口等，都将是云计算服务面临的网络安全风险。

对电视台而言，云计算模式是现有技术平台转型的重要基础。通过资源池化和服务封装，能够推动技术体系的全局性整合、管理、调度和优化，为业务运行、发展提供动态资源配给和敏捷开放研发的能力。随着广电行业基础设施平台的逐渐云化，既需要从云平台自身软件层漏洞、镜像安全、虚拟机隔离、安全隔离、入侵防御等角度加强安全防范措施，又需要对云计算服务进行必要的安全审查和运行监管。因此，网络安全监测模型必须能够对这些风险进行有效监测和管理，以保证云环境下业务运行的安全可控。

6. 微服务技术

所谓微服务（Microservices），是可以在“自己的程序”中运行，并通过“轻量级设备与 HTTP 型 API 进行沟通”的轻量型服务。微服务是一种软件架构风格，它是以专注于单一责任与功能的小型功能区块（Small Building Blocks）为基础，利用模块化的方式组合出复杂的大型应用程序，各功能区块使用与语言无关的 API 集相互通信。微服务的关键在于该服务可以在自己的程序中运行。通过这一点我们就可以将服务公开与微服务区分开来。在服务公开中，许多服务都可以被内部独立进程所限制。如果其中任何一个服务需要增加某种功能，那么就必须缩小进程范围。在微服务架构中，只需要在特定的某种服务中增加所需功能，而不影响整体进程。微服务不需要像普通服务那样成为一种独立的功能或者独立的资源。微服务的基本思想在于考虑围绕着业务领域组件来创建应用,这些应用可独立地进行开发、管理和加速。在分散的组件中使用微服务云架构和平台,使得部署、管理和服务功能交付变得更加简单。

首先微服务解决了复杂性问题,它将一个庞大的整体应用分解成一组服务,每个服务有以 RPC 或者消息驱动 API 形式定义清楚的界限,单个服务的可以更快开发、更简单维护。其次,这种服务使得每个服务可以由单独的团队独立开发,这些团队专注于某个服务,开发者可以自由地选择合理的技术,只要服务遵守 API 约定即可。而且服务相对较小,使用新型技术重写老服务成为可能。再有微服务模式使得每一个微服务可以被独立部署,不用调整对服务的变更,这样就使得迭代快速,敏捷开发更加方便。虽然使用一般的服务器虚拟化技术就能应用于微服务的管理,但容器(Container)如 Docker 等是更加适合发展微服务的运算资源管理技术。

7. 开放平台技术

在软件行业和网络中,开放平台(Open Platform)是指软件系统通过公开其应用程序编程接口(API)或函数(function)来使外部的程序可以增加该软件系统的功能或使用该软件系统的资源,而不需要更改该软件系统的源代码。在互联网时代,把网站的服务封装成一系列计算机易识别的数据接口开放出去,供第三方开发者使用,这种行为就称为开放 API(Open API),提供开放 API 的平台本身就被称为开放平台。通过开放平台,网站不仅能提供对 Web 网页的简单访问,还可以进行复杂的数据交互,将它们的 Web 网站转换为与操作系统等价的开发平台。第三方开发者可以

基于这些已经存在的、公开的 Web 网站来开发丰富多彩的应用。

8. 大数据技术

大数据是以容量大、类型多、存储速度快、应用价值高为主要特征的、传统数据处理应用软件不足以处理的大或复杂的数据集合，大数据也可以定义为来自各种来源的大量非结构化或结构化数据。从学术角度而言，大数据的出现促成了广泛主题的新颖研究。这也导致了各种大数据统计方法的发展。大数据并没有统计学的抽样方法，它只是观察和追踪发生的事情。因此，大数据通常包含的数据大小超出了传统软件在可接受的时间内处理的能力。大数据处理技术正快速发展为对数量巨大、来源分散、格式多样的数据进行采集、存储和关联分析，从中发现新知识、创造新价值、提升新能力的新一代信息技术和服务业态。

信息技术与经济社会的交汇融合引发了数据迅猛增长，数据已成为国家基础性战略资源，大数据正日益对全球生产、流通、分配、消费活动以及经济运行机制、社会生活方式和国家治理能力产生重要影响。目前，我国在大数据发展和应用方面已具备一定基础，拥有市场优势和发展潜力，但也存在政府数据开放共享不足、产业基础薄弱、缺乏顶层设计和统筹规划、法律法规建设滞后、创新应用领域不广等问题，急待解决。

大数据技术应用在国外发展迅猛、效果显著，在国内也逐渐进入能源、电信、金融、电商等多个领域。对于电视台而言，如何在媒体融合形势下，利用大数据技术对相关领域的各类数据进行整合和治理，在改善用户体验度、提高媒体公信力、增强组织竞争力等方面体现数据价值，既是现阶段提升管理、开发业务的重要途径，也是技术系统革新、转型的着力点。

9. 5G 移动通信技术

5G 移动通信技术是最新一代蜂窝移动通信技术。其技术特征包括高速率、高密度、高可靠、低延时，支持边缘计算和网络切片。在 5G 网络环境下，数据传输速率最高可达 10Gbps，网络延迟低于 1 毫秒，1 平方千米内实现百万以上连接数；在此基础上，依托边缘计算技术，在网络边缘提供本地计算和处理能力，最大限度降低时延并实现数据分流；利用网络切片技术，针对不同用户个性化场景需求，提供定制化、质量可保证、逻辑隔离的端到端网络服务。

5G 技术标准包括核心网（Next Generation Core，NGC）和无线接入网（New Radio，NR）两个主要组成部分：在核心网技术标准方面，移动通信标准化组织 3GPP（3rd Generation Partnership Project）已于 2017 年 12 月完成了 NGC 第一个基础版本（R15）制定工作，该标准仅满足增强移动宽带（eMBB）业务需求；预计于 2019 年年底完成 NGC R16 版本，该标准将支持网络切片，满足 5G 全业务需求。在无线接入网方面，3GPP 于 2018 年 9 月发布 NR 第一个版本（R15），满足 eMBB 以及部分超高可靠超低时延通信（URLLC）需求；并计划于 2020 年 3 月发布 R16 版本。

中国将发展 5G 移动通信技术定位于国家战略。工信部积极推动 5G 发展，组织制定了《5G 发展战略及推进方案》。2013 年 2 月工信部、国家发改委、科技部联合推动成立了 IMT-2020（5G）推进组，组织开展 5G 需求、关键技术研发、标准研制、频谱研究、国际合作与推广等；自 2014 年起，依托 863 5G 先期研究重大项目、“新一代宽带无线移动通信网”重大专项，开展了 5G 总体、关键器件、无线技术、核心网技术等领域的研究工作。国内部分电信运营商、通信厂商在 3GPP 标准制定过程中发挥了关键引领作用。2019 年 6 月 6 日，工信部正式向中国电信、中国移动、中国联通、中国广电

发放 5G 商用牌照，我国正式进入 5G 商用元年。2019 年 6 月 26 日，世界移动大会在上海举行，在展会现场，中央广播电视总台央视财经频道和总台上海总站搭建了一个 5G + 8K 高清互动演播室，采用 5G + 8K 的直播技术，成功实现我国首次 5G + 8K 电视节目信号传输测试。

作为通信技术领域的突破性进展，通过 5G 移动通信技术与云计算、人工智能、大数据等前沿技术领域的有机结合，势必释放出巨大社会价值和经济价值，对社会生活、经济生活产生深远影响。具体到广电领域，待 5G 移动通信技术普遍应用后，主要考虑从以下两个方向取得突破：一是依托 5G 移动网络提供的高可靠、高速率且无处不在的网络入口，将台内技术系统向台外发散延伸，同时拓展内容分发渠道，为节目形态拓展、业务模式升级提供技术支撑；二是利用网络切片、边缘计算等技术优势，部分替代台内媒体处理能力、基础网络以及视音频信号传输通道，以此实现自身技术架构的升级转型。现阶段，在 5G 网络覆盖范围有限，商用初期非独立组网方式难以发挥 5G 核心优势的情况下，可重点聚焦 5G 超高清视频传输，实现超高清视频业务与 5G 的协同发展。

10. 高可用技术

高可用性（High Availability，HA）指的是通过尽量缩短因日常维护操作（计划）和突发的系统崩溃（非计划）所导致的停机时间，以提高系统和应用的可用性，通常用来描述一个系统经过专门的设计，从而减少停工时间，而保持其服务的高度可用性，是目前企业防止核心计算机系统因故障停机的最有效手段。

系统高可用性核心思想就是避免单点故障引起的业务连续性问题，要保障在最短的时间切换到系统集群其他节点或者系统备端。系统高可用性有主从方式和双工方式两种工作模式。高可用性设计是个系统工程，其内容涉及构成数据中心的四个组成要素（网络、计算、存储、机房基础设施）的多方面内容。随着信息系统的不断发展，数据在企业的应用越来越广，系统高可用性越来越重要，如何提高信息系统的高可用性成为建设稳健的计算机系统的首要任务之一。

11. 自动化技术

自动化（Automation）是指机器设备、系统或过程（生产、管理过程）在没有人或较少人的直接参与下，按照人的要求，经过自动检测、信息处理、分析判断、操纵控制，实现预期的目标的过程。自动化技术广泛用于工业、农业、军事、科学研究、交通运输、商业、医疗、服务和家庭等方面。采用自动化技术不仅可以把人从繁重的体力劳动、部分脑力劳动以及恶劣、危险的工作环境中解放出来，而且能扩展人的器官功能，极大地提高劳动生产率，增强人类认识世界和改造世界的能力。因此，自动化是工业、农业、国防和科学技术现代化的重要条件和显著标志。

自动化技术的定义是“以控制理论为指导，以计算机和网络为工具，来控制被控对象”。自动化的实质是通过系统与应用之间的灵活适配提升业务的智能化和运行透明度，充分发挥网络化应用的效率和方便性优势，整合整体资源，加快信息流通，规范流程，提高总体应用效果。

自动化是任何云计算基础设施中不可分割的一部分，可以降低错误，提升效率，帮助降低运营成本。通过云平台，建立基础设施平台，整合资源池，利用一系列管理工具，轻松实现资源自动按需分配、管理及调度工作，有效提高资源利用率，减少人工重复操作，提高信息系统响应速度。自动化可以帮助企业将更多时间花在增加企业价值的工作上。

12. 人工智能技术

人工智能技术是利用计算机模拟人类各种识别能力，包括对物体、图像、语言、字符等进行自动识别的技术，用机器完成某些需要人类智慧才能完成的任务。

为了适应信息时代的信息处理要求，当前信息处理技术向智能化方向发展，从信息的载体到信息处理的各个环节，广泛地模拟人的智能来处理各种信息。人工智能技术是计算机科学中的前沿交叉学科，是应用导向的综合性学科，其目标是处理海量和复杂信息，研究新的、先进的理论和技术。人工智能研究涵盖理论基础研究、应用基础研究、关键技术与应用研究等多个层次。它不仅有很高的理论研究价值，而且对于国家信息产业的发展乃至整个社会经济建设、发展都具有极为重要的意义。

人工智能技术主要包括模糊技术、神经网络、进化计算、粗糙集、混沌与分形等计算智能技术，其最大特点是不需要建立问题的精确模型，非常适合于处理那些因为难以建立有效的形式化模型而用传统方法和人工智能难以解决、甚至无法解决的问题，在不确定性系统和不确定性现象问题的处理中具有独特优势。目前已广泛应用于智能通信、智能控制、智能传感、机器学习、图像处理、模式识别、数据挖掘和微电子等领域。

开展人工智能技术基础理论研究，包括信息和知识处理的数学理论、复杂系统的算法设计和分析、并行处理理论与算法、量子计算和生物计算等新型计算模式、机器学习理论和算法、生物信息和神经信息处理等。以因特网应用为主要背景的特定领域智能信息处理，包括大规模文本处理，图像视频信息检索与处理，基于 Web 的知识挖掘、提炼和集成等。另外还有商务和金融活动中的智能信息处理，包括电子政务、电子商务、电子金融等，可推动智能信息技术在国民经济各领域的应用，努力实现并提高信息处理技术的社会效应和经济效益。

13. 态势感知和数据可视化技术

态势感知是在一定时间和空间内对环境因素的获取，理解和对未来短期的预测。所谓网络态势感知是指由各种网络设备运行状况、网络行为以及用户行为等因素所构成的整个网络当前状态和变化趋势。网络安全态势感知是对网络态势感知的扩展，利用数据融合、数据挖掘、智能分析和可视化等技术，直观显示网络环境的实时网络安全状况，从整体上动态反映网络安全状况，并对网络安全的发展趋势进行预测和预警。利用网络安全态势感知技术能够对广电行业网络安全态势进行有效监测，实现全行业的网络安全评估，提升行业的网络安全运行管理水平。

数据可视化技术是关于图形或图形格式的数据展示技术，在一个被关注的连贯而简短的报告中体现大量的信息。虽然数据可视化可以处理书面信息，但焦点往往是使用图片和图像信息传达给观众。使用数据可视化技术的最重要的好处是它能够更快地让人理解数据，可在一个图表中突出显示一个大的数据量，使人们可以快速地发现关键点；而使用传统的书面形式，可能需要数小时来分析所有的数据及联系。

随着大数据的广泛应用，基于海量数据的可视化呈现和管理越来越重要。数据可视化是指将数据以视觉形式来呈现，如图表或地图，以帮助人们快速、轻松地提取数据中的含义。数据可视化对于信息化系统以及用户服务在正常运行态势和应急态势下的决策起到至关重要的作用。目前数据可视化呈现已渗入到系统运行、应用承载、业务运转状态的感知、分析和判断，为业务、维护、管理、运营提供参考依据，并最终支持和指导响应过程，提升系统的智能化程度。

网络安全可视化是通过数据可视化的一种，旨在借助于图形化手段，清晰有效地传达与沟通网络安全态势信息。网络安全可视化技术是监测系统模型中可视化展示的重要技术手段，通过数据可视化技术可以分析数据之间的关联关系以及蕴涵的意义，便于分析人员的深度分析的技术。尤其对于网络安全态势感知和威胁情报分析来说，既能够充分了解广电行业的整体网络安全状况，又能极大地提升威胁情报分析的效率和利用效果。例如，通过图形化的方式（柱状图、饼状图、曲线图等统计趋势图表）将归一化和关联分析后的网络安全事件（日志）及其事件（日志）之间的关系形象展示，从而达到直观地进行事件调查分析，追踪溯源网络安全威胁的目的。

3.2.2　系统架构

3.2.2.1　AV-IT 融合架构

1. 概述

目前的电视台技术体系由信息技术（IT）系统和视音频技术（AV）系统两部分构成。在电视台技术体系中，以音视频技术、信息技术为基础的两类系统在发展中逐步呈现融合态势。AV-IT 融合架构是利用信息技术基础资源、支撑平台、软件应用、系统架构，实现视音频处理功能的新型技术架构，是视音频技术与信息技术的有机融合。

在 AV-IT 架构融合初期阶段，演播室、播出中心系统内部 IT 设备比重显著提升，典型设备包括字幕包装、虚拟植入、集中控制等。AV-IT 架构融合逐步走向深入后，通用交换机、以太网介质取代 SDI 同轴电缆，成为系统内基带信号传输的主要方式。AV-IT

融合架构发展成熟后，有望在云平台架构下实现视音频系统和信息系统的彻底融合：IaaS 层计算、存储、网络三类资源池不仅包含通用 IT 设备，也包括配置专业软硬件，实现信号键控、编码、转换功能的视音频设备，同时利用网络功能虚拟化 NFV、软件定义网络 SDN 等技术，通过虚拟专用网络 VPC 进行网络层的逻辑隔离，使同一物理网络可以在保证 QoS 前提下同时承载 AV 和 IT 传输业务；PaaS 层实现各类业务逻辑相关的任务统一编排，以及 AV-IT 资源的统一调配；如此，SaaS 层也就顺理成章地集成从拍摄录制、制作包装、播出传送到媒资管理的多种工具，全面涵盖电视台的应用需求。

在 AV-IT 架构融合过程中，IP 数字电视中心技术发挥着桥梁和支撑作用。IP 数字电视中心技术是利用 IP 将基带信号或传输码流封装为 IP 数据包，利用以太网进行传输的视音频技术。IT 系统原生采用 IP 实现网络通信，AV 系统通过 SDI 同轴电缆或光纤传输基带信号。依托 IP 数字电视中心技术，使通用交换机实现视音频基带信号传输、调度功能，为未来音视频处理功能全面移植到 IT 平台奠定了技术基础。

2. 探索

截至 2019 年上半年，AV-IT 架构融合仍处于深化阶段。集中控制、在线包装、虚拟呈现等 IT 设备在演播室系统中占据重要地位，在提升视觉效果、优化工作流程方面取得了明显成效；SMPTE 2110、SMPTE2022 等 IP 数字电视中心技术标准基本固化并推出相应技术产品，在简化超高清现场制作系统集成布线复杂度基础上，为未来逐步迈向全面融合奠定了技术基础。

融合新闻演播室

融合新闻演播室建设是北京电视台融合新闻业务系统的有机

组成部分。融合新闻中心业务系统定位于全媒体、全流程、全渠道、全终端的融合新闻中心，充实新闻汇聚手段，丰富生产工具，拓展分发渠道，引入虚拟植入、演播室集控等新型技术应用，丰富视觉呈现效果，提升感染力，适应分众化、差异化传播趋势，提升新闻节目影响力、传播力。其主要建设内容包括融合新闻云、融合新闻演播室等。

融合新闻演播室是 AV-IT 架构融合初期的产物。该系统设计建设期间，IP 技术标准尚未固化，难以全面采用 IP 设计，但 IT 设备比重已有显著提升。系统重心从摄像机、切换台等视音频设备逐步向集控、虚拟、包装、轨道机器人等信息设备倾斜，体现了 AV 与 IT 的有机结合。

融合新闻演播室定位于全功能新闻类直播演播室。视频、音频通道采用主备双链路架构，部分设备兼容超高清和高质量环绕声；利用在线包装、虚拟前景渲染、轨道机器人、虚拟追踪摇臂等 IT 设备，提供虚拟植入和增强现实功能，结合集控设备实现对音视频设备、虚拟呈现设备、灯光设备、背景大屏幕等多种核心设备的集中控制、协同联动，优化新闻节目整体视觉效果，提升内容表现力与感染力。视觉呈现效果如图 3-3 所示。

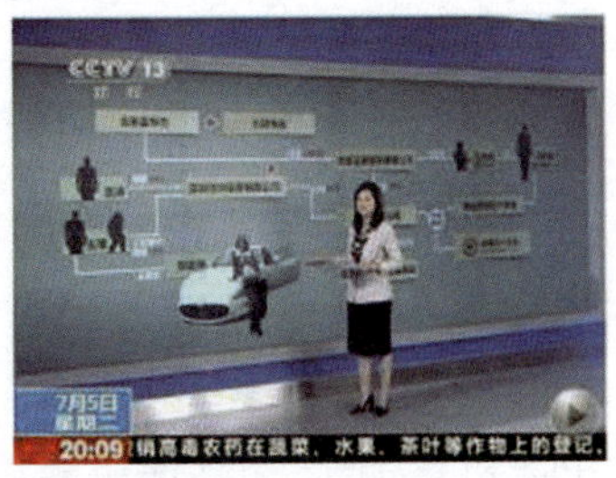

图 3-3　北京电视台融合新闻业务系统演播室动态背景屏与内容融合背景屏应用效果示意图

在AV与IT融合方面，尤以集控设备最具代表性。集控设备处于信息系统与视音频系统交界点。从融合新闻云数据接口读取直播串联单，根据事先制定好的模板转化为设备控制信令列表，按照节目编排和视觉效果编排向系统各级设备发送指令。演播室工作模式从多人协同、手动控制转变为以IT设备为核心的自动模式，为业务效率提升、组织架构优化、节目形态拓展创造了技术条件。

融合新闻演播室于2019年年初正式投入使用，总体运行状况稳定，各项业务功能实现完整，性能和可用性指标满足设计要求，有效提升了新闻演播室运行形态，显著优化了新闻节目视觉效果和工作流程，为观众提供了耳目一新的收视体验。

超高清转播车

超高清转播车项目是北京电视台AV-IT架构融合进入深化阶段代表性技术系统。该项目于2019年3月正式启动，定位于IP化全功能超高清转播车，侧重满足2022年冬奥会转播报道需求，为台内超高清频道开播提供技术支撑。

该系统切换台、信号转换、摄像机讯道、调音台等核心设备全面IP化，所有基带信号统一转换为IP信号后参与制作流程，通过主备交换机、SDN完成信号切换调度，12G基带矩阵作为备份和补充。音频系统满足环绕声/立体声的声音制作要求，音频数据交互支持AoIP方式，可与视频IP信号、传统基带信号紧密衔接并实现基础网络共享。

超高清转播车系统配置有20个完整功能的超高清现场节目制作摄像机讯道，2个高速超高清现场节目制作摄像机讯道和2个无线超高清现场节目制作摄像机讯道；4套慢动作视频服务器；2套超高清节目录制存储服务器。摄像机采集的视频信号经现场制

作系统切换、处理后，以 IP 主备双链路冗余方式输出并回传台内。利用 SDN 技术实现信号调度和功能设置，用以满足直播需求；多通道数字录像机收录的讯道信号、音频收录设备录制的多轨音频数据，均以文件化的方式记录，以数据形式回传台内。

通过引入 IP 技术，北京电视台超高清转播车项目有效简化了系统集成、综合布线复杂度，提升了灵活性以及可扩展性。在同一技术架构下，兼容超高清、高清信号格式，实现超高清、高清节目的混合现场制作。截至 2019 年 7 月，该项目已初步完成财政资金申报工作，按计划将于 2019 年年底完成招标采购，预计 2021 年年底至 2022 年年初投入使用。

3. 展望

随着以云计算、云存储、大数据为代表的互联网技术升级，以及新兴媒体与传统媒体融合发展的业务目标逐渐明晰，电视台技术体系演进的基本态势初步形成，那就是在技术层面以资源整合、数据支撑为目标的云架构转型、大数据应用，在业务层面以灵活适配、协同运营为方向的全媒体生产、多渠道发布。在此背景下，通过视音频技术系统与信息技术系统的基础架构整合，促使视音频跟上信息技术进程，谋求技术体系统筹规划、全局发展的可行性，势所必然。同时，在视音频系统 IP 化架构转型发展进程中，需要理清变革性质、判明原始驱动、识别发展态势、选择应用策略。只有如此，才能顺势而动，让电视台技术发展能够真正为业务转型、资源运营、运维标准化和管理科学化提供支撑。

目前，采用以太网和 IP 替代传统视音频系统架构的趋势非常明显，在很短时间内就完成了从理念、产品到解决方案的过渡。对此，应该予以客观评估。一方面此事将实质性推动传统视音频系统的 IT 化进程，从而实现视音频与 IT 架构的真正融合。一旦完成这种基础结构的统一，那么应用、管理、维护就存在一体化规划和发展的可能。另一方面现阶段的解决方案大多基于视音频角度，在4K等新兴场景下将IP网络作为解决带宽瓶颈的工具和手段，而非定位于AV与IT两类技术系统的全面融合；同时现有技术标准只解决基带信号封装、帧精度切换等基本问题，对于网络资源管理、大规模视频流调动等需求尚缺乏有效支撑，距离实现视音频处理功能全面软件化、虚拟化依然任重道远。

3.2.2.2 云平台架构

1. 概述

大力推进广播电视融合媒体服务云建设，打造“广电+”生态链，推动广播电视系统服务的升级转型。大力推动广电融合媒体服务云平台建设，是《广电“十三五”科技规划》的主要任务之一。

近年来，我国电视台数字化网络化得到快速发展，特别是《电视台数字化网络化建设白皮书》发布以来，全台网的建设日趋成熟，目前大多数省级电视台、省会城市电视台已基本实现网络化制播，显著提升了节目制播质量和效率。

从全台网典型架构来看，基于ESB（企业服务总线）+EMB（媒体服务总线）的SOA架构已经成为主流。SOA架构采用了面向服务的设计和理念，通过对各类业务流程进行统筹分析，将各业务板块对外接口进行提炼、抽象和封装，以服务的方式保障了电视台的采集、编辑、播出和存储的整个业务流程的工作需求，实现了全台各业务板块的互联互通，基本达到了数字化、网络化、信息化的建设目标，有效提升了电视台业务运行的质量和效率。

融合媒体的业态与传统电视有着较大的区别，既需要打通生产网、互联网、移动通信网之间的关联，又需要重新整合业务流程，实现台内资源、台际资源和社会性资源的聚合再生产，组合、再造，还需要提供跨区域、跨行业的沟通，在信息传播中占据主动，赢得优势。传统电视台已有基础设施，很难适应这些新的变化，新的媒体平台的建设必须从根本上加以改变。

以往电视台信息技术体系架构均采用从资源到业务整合在同一个应用系统内部的竖井式架构，各系统相对独立，通过 SOA 架构互联互通，系统设计偏重于技术视角，从业务角度进行设计的内容少，用户被分配的存储容量有限，资源拥有量往往不能满足需求，应用的个性化支持明显不足。近年来，电视台技术体系信息化发展迅速，随着虚拟化和云计算的逐渐成熟和大规模应用，云架构的先进性逐渐突显，用户可以享受业务应用资源的动态调整、统一分配。现阶段，电视台技术系统正处于前者向后者逐步转型的过程之中。

首先要以媒体融合发展为目标，以各项业务运行规律为基础，制定符合宣传和产业发展规律的技术体系和策略，既要解决现有问题又要兼顾未来发展，既提升传统业务又支撑新媒体业务，形成支撑传统媒体与新兴媒体深度融合的技术体系。

新的媒体平台架构既要在当前是先进的，又要能代表未来的发展趋势。大数据和云计算是当前最具有代表性的两种新技术，这两种技术的发展和运用深刻影响着社会生产生活。特别是云计算技术所具有的业务与主机松散耦合、高效资源利用、业务灵活适配、运行效率提升、弹性运营管理等相关技术特征，与互联网、移动互联网间密不可分的联系，正好契合了融合媒体的发展需求，能给融合媒体的发展带来新的机遇。

随着电视台相关技术系统信息化、IP 化不断深入，云计算已成为信息技术产业新的增长点和支撑新时期经济社会发展的重要基础。技术体系采用云架构不仅是可行的，也是必须的。选择云化技术构架是技术本身演进的要求，采用云计算技术有效提升了融合媒体平台建设的可靠性；同时也是网络构架演进的要求，采用云化方式，将原有全台网 EMB 迁移的相关功能要求下沉，极大提升了内容迁移的效率；云架构选择也是原有全台网交换模式演进的要求，它将促使台内业务板块和系统的进一步融合。

但是也应注意到，在云平台的构建实践中，不能简单地将虚拟化技术的使用等同于云架构建设；也不能只是将技术体系改造为云构架，却在实际生产发布中依然与互联网完全隔离；更不能只是热衷于建设云技术系统，而不与实际业务需求紧密结合。要尊重媒体的发展规律，借用云计算的理念、思想和方法，把已有的或正在准备开发的技术系统，按照云的思路，通过虚拟化、自动化、标准化的手段，整合成云的架构、流程，形成媒体融合的技术体系。

融合媒体平台架构的演变将取决于政策方向、云标准化程度、应用软件云化进程、网络带宽和计算能力的变革以及电视台自身的发展情况等复合因素。从全台网角度而言，其相关业务具有封闭运行的特点，构建私有云是必然的选择。然而，融合媒体平台的云化应更加具有开放性，如何充分利用公有云资源，更加贴近互联网和移动互联网以支撑业务需求，是融合媒体平台建设过程中必须考虑的问题。同时为了更好地在公有云中建立电视台特色应用，且确保电视台内容的安全和版权保护，有必要构建专属云模式。

公有云

公有云服务是指利用专业厂商建设的基础设施而构建的电视台业务和应用系统。公有云作为电视台业务应用的解决方案，既有弹性，又具备低成本高效益的特征，可以更加灵活、及时地应对

业务需求的变化。

私有云

私有云服务是指电视台采用自主建设方式而构建的业务和应用系统。电视台采用私有云服务更能掌控云基础架构，既保有传统数据中心可控、可信、可靠和安全特性，业务应用与内容安全皆在电视台业务系统内进行组织和管理，同时又具备公有云服务质量、性能、弹性应用等优点，并且可随时改善安全与弹性。

专属云

专属云服务结合了公用云及私有云的特点优势，它采用物理上隔离的专属资源池，由专业厂商负责建设、运维，但又由特定用户专用，用户独享计算、网络和存储资源，且可以掌控关键服务及数据，实现较大程度的可管可控。专属云服务方式对安全性要求高、系统稳定运行要求高、资源使用灵活性要求也高的业务更加适合。

2. 探索

云化改造一方面是新媒体应用网络现有云平台的应用深入，包括基础设施能效提升、同城数据中心资源整合、全台互联互通总线优化；另一方面是节目生产系统竖井式架构的云化改造，包括关键设备、管理平台和应用工具的异构组合尝试。实践证明，后者的难度更为显著，资源层和平台层之间管理、应用接口的规范化程度尚不成熟，平台层的功能规划和实现质量难以保证，系统改造所涉及管理、运维、使用模式变更等方面的难题也不可忽视。对于电视台全台网，在满业务负载情况下，架构转型绝非易事。北京电视台智慧媒体项目群中的生产私有云建设、融合新闻业务系统中的融合新闻云建设、融合生产云项目正是这方面的实践。

智慧媒体生产私有云

北京电视台智慧媒体项目群中的生产私有云建设项目首先选择了两个运行七年以上的制作网络分别推进内部私有云化改造，规划中对两个系统主动考虑了异构的设备、管理和应用选型，形成双黄蛋效果，鼓励自主发展，试图加大探索力度。同时，在项目招标中摒弃以往的系统集成商包揽模式，以资源层、平台层、应用层分包采购，赋予平台层分包商系统总集成角色，通过试点效果评估新模式下各厂商的集成能力，也为今后的横向整合打通预做准备。系统搭建完成初期主要服务于台内生活、卡酷、科教频道的多个栏目制播业务，建成后的云架构制播业务网络系统技术水平和系统管理两方面相对于原制播系统都有较大提高。

项目从 2015 年中期开始深化设计和部署实施，直至 2016 年 3 月投入试运行，项目进度远低于常规，其中不仅包括技术因素，多方协作、应用推广更具难度，例如，远程虚拟桌面节目编辑方式的体验优化、云平台应用级数据接口的规划实施、虚机环境网络流量的引导检测等。当然，探索过程中的种种付出极富价值，桌面虚拟化将终端与应用彻底分离，云系统架构支持全局资源的动态调配，混合云管理模式可以将资源范围随业务需要即时拓展到台外。想象一下，在未来电视台技术环境下，编导可以灵活选用喜好的编辑工具，运维部门可以不再为卫视季播等大型节目生产资源的调配而费心，技术管理层能够采用应用软件服务付费方式根据业务使用情况买单，敏捷、全局、动态成为今后技术服务的关键特征。

融合新闻云

作为支撑现有北京电视台新闻节目采、编、播的技术系统，北京电视台新闻网是根据时任北京市领导指示精神，在 2009 年至 2011 年期间，北京电视台高清晰度节目制播系统改造项目中建设的。2009 年 9 月 28 日，北京电视台与中央电视台、上海东方电视台等九家电视台在国内第一批实现上星频道的高标清同播。作为北京卫视频道中主要内容提供者，新闻中心在台内率先完成了高清化改造。新闻节目生产系统建立后，确立了北京电视台的新闻节目在广电行业高清化、网络化初期的领先地位。

党的十八大以来，习近平总书记多次在不同场合强调要利用新技术新应用创新媒体传播方式，高度关注传统媒体和新兴媒体融合发展问题。经过近年来互联网技术与媒体融合的高速发展，北京电视台新闻节目采、编、播的技术系统这种单一流程、单一出口的新闻生产模式，在内容、渠道、平台、经营、管理等方面已远远落后于时代的发展，跟不上时代要求。增加反应迅速、传输快捷的新闻采集手段，建设适应技术发展趋势，呈现效果优秀的演播室，打造跨媒体的新闻素材采集、编辑、播出与分发平台，是当前电视台新闻节目生产的发展趋势。

北京电视台融合新闻云是融合新闻业务系统项目的有机组成部分。融合新闻云项目对现有的新闻节目采、编、播、管系统进行较彻底的升级改造，为电视媒体融入全媒体元素，打造成全媒体、全流程、全渠道、全终端的融合媒体国际新闻中心系统。力图构建中央厨房式的工作模式，实现融媒体生产，多平台分发，加速推进业务流程再造，促进融合新闻产品形态创新以及报道运行管理模式转型升级。融合新闻云全面利用互联网、云计算、大数据等先进技术，实现融合报道业务与资源、策划、加工、渠道、终端、受众等方面深度融合，实现采编专业化、管理智能化、数据可视化，为融合媒体的统一生产和发布提供技术支撑，实现“一次采集，多种生成，多元传播”，实现新闻信息采集、编辑、发布、供稿、管理、反馈等各环节以及新闻舆情、传播渠道、影响力的统一管控，并为北京电视台融合报道组织指挥策划、运行监测及融合报道考核体系提供集约化、智能化服务。

如图 3-4 所示，该系统采用云架构，构建融媒体汇聚、融媒体生产、融媒体发布、指挥调度的融媒体新闻采编播一体化服务体系，实现电视台内融媒体编辑，优化内容生产模式，融合传统电视和新媒体节目生产，尝试多渠道发布。为保护投资，原高清新闻网主、备系统整合形成新的高清新闻网，并与融合新闻云互备，实现系统级别上的高可用。

北京电视台融合新闻云于 2016 年年中启动规划设计工作，经过前期紧张的调查研究，参考国内兄弟电视台的经验，结合北京电视台业务需求特点，制订了项目总体框架方案，并于 2017 年年初完成招标，2017 年年中开始全面实施，2018 年 6 月投入试运行。目前融合新闻云总体运行状况稳定，各项业务功能实现完整，性能和可用性指标满足设计要求。除支撑《北京新闻》《特别关注》《北京您早》《这里是北京》等直播类、专题类常规业务外，融合新闻云平台还在 2019 年两会报道过程中，通过远程客户端方式，将业务触角延伸到北京市两会转播报道现场，实现了台外前方系统与台内核心业务系统之间的数据共享、业务协同，开创了重大新闻事件、大型现场活动转播报道的新模式。

融合生产云

北京电视台融合生产云平台定位于全台核心业务、技术支撑平台，旨在加速推进后期制作网从竖井式架构转型为云平台架构，打造融合媒体业务支撑能力，促进实现多源汇聚、共平台生产、多渠道发布、大数据运营的总体目标，推进数据化、智能化进程，促进北京电视台整体技术体系的全面升级，为台内一百余个栏目提供技术支撑，并为其创新发展赋能。该项目计划分三期完成：

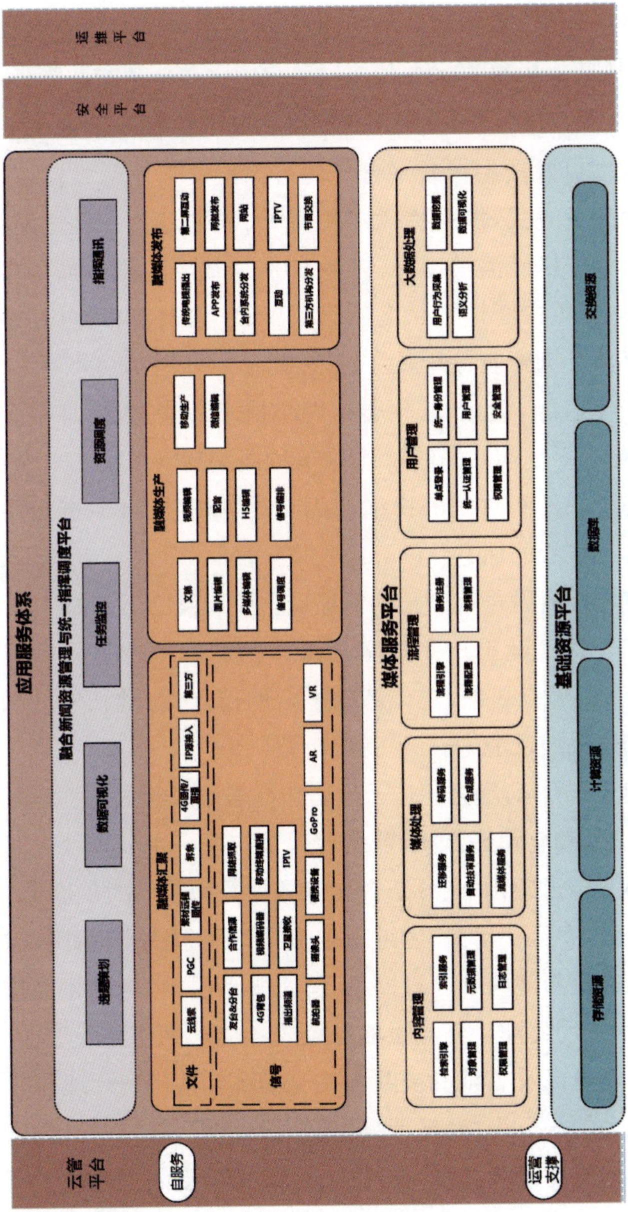

运维平台

安全平台

应用服务体系

融合新闻资源管理与统一指挥调度平台

媒体服务平台

基础资源平台

云管平台

图 3-4　北京电视台融合新闻云总体架构示意图

一期项目完成重要技术的选型与验证，完成融合生产云平台整体框架的建设，实现部分关键媒体能力、应用工具、管理模块的构建，使其具备20%～30%的原制播网传统业务承载能力，支持多信息汇聚、多渠道发布，支持部分新媒体及创新业务开展。

二期项目加强生产云平台全局可靠性及整体运维监控能力，健全资源配备方式，按需提供多种资源、能力以及工具适配，充分满足业务的多样性需求，使其具备60%～70%的原制播网传统业务承载能力，更广泛地支持多信息汇聚、多渠道发布，更好地支持部分新媒体及创新业务开展。

三期完善融合生产云平台个性化技术功能点，提高平台信息化、智能化水平。使其能够承载90%的原制播网传统业务负载，实现平台基于内外部数据的持续性优化改进，使融合生产云平台成为以数据为核心的信息化闭环成长型平台。

北京电视台融合生产云平台建设一期项目已于2019年5月投入运行。一期目标重点完成融合媒体生产云平台整体框架的建设，着力打牢平台基础，充分考虑平台的稳定性、健壮性、友好性、先进性和迭代演进能力。

如图3-5所示，融合生产云平台包括基础资源层、公共服务层、应用工具层、安全管理监测、数据治理及应用等主要模块。基础资源层采用混合云架构，充分结合私有云自主可控、个性化特点以及公有云开放、多元化优势，通过基础资源管理系统实现计算、存储、网络等各类资源池的统一管控、自助式服务提供、自动化编排并为运维、运营辅助支撑。公共服务层集成各类媒体公共处理能力、全媒体内容管理以及智能化支撑能力，同时实现统一管理和串联实现平台能力的统一管控、基于媒体能力的自服务提供、以内容和数据为核心的媒体运营支撑。应用工具层灵活接入多种异构工具，

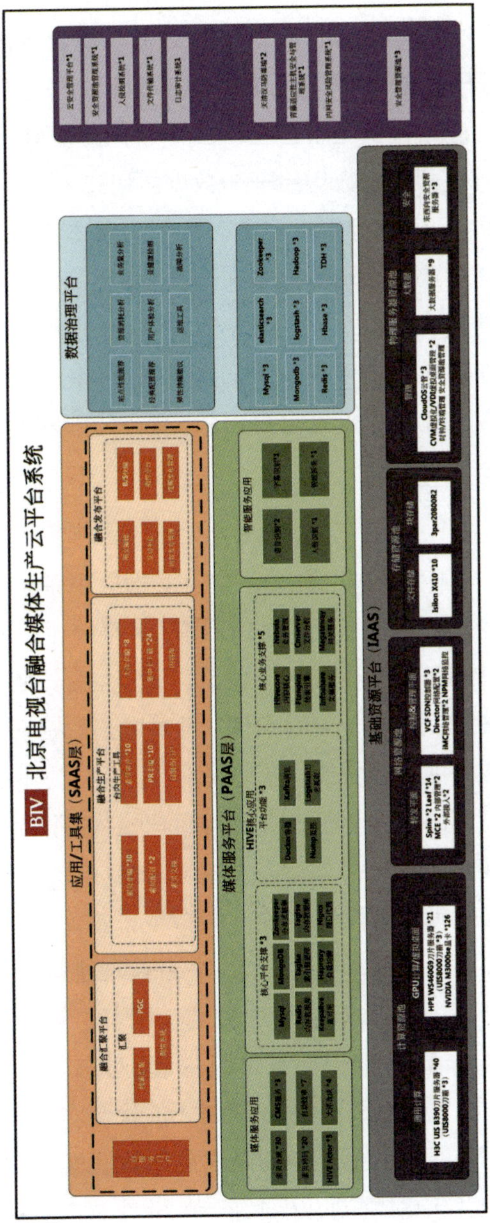

图 3-5　北京电视台融合媒体生产云平台项目总体框架示意图

实现了工具与平台绑定、解绑，其中包括汇聚、生产、发布等各类融媒体工具以及文稿、非编、审片、上传下载等电视业务核心工具，并通过自服务门户根据用户需求灵活选择调用。安全管理监测模块、数据治理及应用模块是融合生产云平台的重要辅助模块，分别对平台的网络安全保障、数据治理与数据应用起到重要支撑作用。

截至 2019 年 8 月，融合生产云一期项目基本完成改进调优并投入试运行，有效置换标清后期制作网产能，承载了北京电视台科教频道 20 个栏目、90%以上的业务负载。下一步，计划将北京电视台青少、海外频道制播业务逐步迁移到融合生产云一期项目平台。未来，北京电视台将立足自身需求，结合技术发展趋势开展后续项目建设。

3. 展望

从系统架构角度分析，传统竖井式架构应用系统将逐步被以云计算为代表的“平台 + 应用”模式所取代，系统平台化发展趋势显著。在此趋势下，虽然在过渡阶段难以避免，但长期来看我们应尽量避免新形式的竖井式架构出现，例如“云孤岛”和“云烟囱”。不仅如此，还应拓展逆向思维，推动现有生产、办公系统在网络结构、基础资源层面的整合，网络结构向用户接入、服务中心两级演进，引入互联网优质架构思想，尝试将庞大、复杂的整体结构拆分成短流程、易于迭代和敏捷开发的微服务或开放平台，基础资源向全局共享、动态调配发展。同时，重视平台管理系统如云管系统的建设和应用。只有平台管理系统规划、实现到位，对下资源管理到位、对上服务接口清晰，平台的腰才能撑起，对应用的支持才能有力，如此才能真正发挥“平台 + 应用”模式的优势，也才能实现真正的系统云化转型。此外，系统建设模式的改进也是值得关注之处。除了在自动化流程中对规划、立项、招标、设计、实施各阶段加强跟

踪和管理力度之外，还应特别强调系统规划时数据核心价值的体现、系统建成后应用效果的评估、建设运维交接点的处置等。

总之，新一代系统将是云平台、数据核心、智能化的系统，是规划、建设、运维有机衔接、共同体现应用价值的系统，是对业务、管理、运营、安全提供综合性支持的系统。

3.2.2.3 开放式体系架构

1. 概述

近年来，电视媒体的覆盖以及与观众的媒体接触方式逐渐呈现多元化、双向化发展。2019年我国收视多元化特征愈发明显，其中有线电视用户总量的负增长呈现加速趋势，截至2019年第二季度，我国有线电视用户总量净减少385.6万户，降至2.19亿户，有线电视在中国家庭电视收视市场的份额下降至49.02%。IPTV网络电视用户已接近2.81亿户，对固定宽带接入用户的渗透率为64.7%，较一季度提升0.5个百分点。大部分电视媒体都已提供网络视频服务，在移动业务方面，多数省级以上电视机构已经可以通过移动终端实现节目分发和内容采编，受众终端及其相关网络、业务数据已经在不知不觉中渗入电视媒体并成为生产、传播、运营不可缺少的组成部分。在电视台传统的技术体系内，内容生产缺乏用户行为数据反馈指导，内容传播到播出编码器终结，能给用户的服务仅有电视直播，已经完全无法满足新时代媒体业务的发展需要，建立与终端、媒介、用户、内容、服务、数据密切相关的开放式体系成为电视台信息技术体系建设的重要选项。

2. 探索

北京电视台从2013年开始，通过构建IPTV集成播控平台、网络电视台和大媒体APP移动媒体客户端，逐渐扩展对用户的内容服务方式，在这些平台的建设中除了标准的内容制、编、播系统建设外，特别注意把整个技术体系按照开放式架构搭建，要求所有系统以开放式服务的方式相互对接，并在技术体系中着重尝试在以下几个方面对传统体系加以补充：

- 所有新建的业务平台全部基于与外部开放环境互联的双向网络发布服务，新型业务的中心平台不再封闭在内部，终端必须根植在开放式媒介，必须能够与后端进行直接双向通信。北京电视台的 IPTV 集成播控平台与北京联通业务承载网络相连通，其内容管理、发布则完全部署在私有云、公有云和外部 CDN 平台，而平台间通过千兆网络互连互通。
- 建立台内服务交换平台和互联网服务开放平台，并将此两级平台对接，打通内部服务和外部服务的交换。同时建立服务开放管理规定，要求今后所有软件建设项目都必须开放部分内部的服务和数据，并在两级服务平台上进行注册。截至 2019 年 6 月，已注册公正服务 74 个，结合已注册公正服务设立跨系统流程 17 个，同时尝试将北京电视台节目播出单作为公共服务发布到了互联网上。
- 增加终端互动管控平台和独立的管理协议隧道。在 IPTV 中体现为建立了 EGP 集中管理系统、内容和交互信息管控双总线，并分别通过 C1、C2、C3 通道传输视频内容、EPG 和用户行为数据；在网站上体现为建立统一的 CMS 内容发布系统和自有流媒体播放器；在移动端体现为建立移动服务支撑平台连接前端和后台，管控数据、信令、内容的双向交互。
- 建立用户行为数据采集分析系统，并建设与之配套的智能化运营支撑系统。在电视中心建立大数据分析系统，在每

个新业务平台上部署用户行为数据采集系统，采集到的数据以文件或数据流方式传到中心实时计算，并通过内容智能推荐、广告智能投放等系统反馈业务平台，在开放的平台上直达用户。

- 建立适配开放体系的安全体系。面对开放的内容发布环境和半开放的节目生产播控环境，仅靠基于等保的安全防护措施是不够的，还需要有高度自动化和基于大数据的安全监测手段才能在第一时间发现风险，掌握整体服务能力和安全态势，北京电视台在智慧媒体项目中建设了一个横跨办公、新媒体和生产网络的统一安全管控平台，并与大数据平台联通，试图形成初级的网络安全监测能力。

以上的尝试和探索，使得北京电视台建立了初步的开放式技术体系，具备了进一步向融合媒体技术体系演进的基础。

3. 展望

未来，随着 IP 化、云化、数据化的电视台基础支撑和管理体系的演进，整个技术体系的开放化也将是不可逆转的，传统的制播生产、办公管理、新媒体业务的网络边界将逐步消失，中央厨房式的运营模式将要求整个技术体系的开放化程度达到前所未有的水平，社会化生产、多渠道传播、多元化运营要求我们将越来越多的应用开放到公有云上，未来甚至可能出现“云电视中心”这样的电视业务支撑平台，基于此，北京电视台的技术体系也将按照此思路不断将系统架构改造的更加开放和灵活，以适应未来发展需要。

3.2.3　数据治理

1. 概述

在以往的广电技术系统中，受技术条件的限制，系统数据均分散于系统的各个角落，并未得到有效的利用，数据隐藏的巨大价值并没有被挖掘并恰当地加以利用，导致在维护、管理、业务等多个方面的决策缺乏实际依据。

在运维方面，运维人员的日常巡检、故障排查、故障定位等工作，其本质是数据分析。运维人员通过日常对系统的数据进行全面收集和分析，从而发现故障隐患并及时处理；在这个过程中，数据采集这一简单重复性的劳动占用了运维人员大量的时间，日常巡检往往需要每天耗费数小时时间；在故障排查环节，大量的数据采集更是严重影响了故障处理的效率。在数据分析阶段，数据分析的准确性和时效性取决于运维人员的业务水平，而人的业务水平的提高，又取决于完善的培训体系以及个人能力。现阶段，很难保证一个运维团队内所有人都能具备同样的业务水准。随着新一代云生产平台在各电视台的建成并投入使用，新技术新业务导致系统的复杂程度越来越高，以前系统运维辅助系统主要依赖配套建设的监控系统，但监控系统仅仅是将系统运行状态的数据进行展示，运维管理压力空前加大，急剧增加的运维工作量和有限的运维投入之间的矛盾日益凸显。

在管理方面，北京电视台现有业务系统复杂、繁多，针对台内业务系统所产生的大量数据，原有系统并没有将这些数据进行有效利用，不同类型数据之间的横向流动和综合分析很少，不仅数据利用效能低下，而且基础资源占用浪费。

随着媒体行业竞争日趋白热化，电视台内部实现精细化管理的要求也越来越高。把数据从各个封闭的系统中解放出来，打通数据壁垒，充分利用不同类型数据之间的横向流动和全局整合创造数据价值，成为电视台媒体融合时代技术治理的重要内容。

对于电视台而言，如何利用数据技术对相关领域的各类数据进行整合和治理，在提高用户体验度、提高媒体公信力、增强组织竞争力以及增强运维能力、提高管理掌控力等方面体现数据价值，既是现阶段提升管理、开发业务的重要途径，也是技术系统革新、转型的着力点。

2. 探索

北京电视台在数据技术系统建设的思路上是以数据能力平台和应用集群为核心，结合传统数据库、媒体内容库等数据汇集区域，建设成为以数据处理和分析为基础的管理类应用系统，逐步集成汇聚成为电视台统一的数据技术平台；与此同时，在实践过程中逐步摸索数据整合和治理的途径和手段，不断提升应用能力，通过流程优化和重构，支持数据的高效流转和充分利用，追求数据核心地位和价值最大化。通过新型数据系统建设和原有信息系统改造两条途径将数据释放、汇聚起来，夯实数据横向流动基础，探索支持“数据洞悉业务”的技术能力，最终摸索出全面展开“数据支持业务”“数据驱动业务”的道路。

为此，北京电视台近年来在开展数据技术系统建设和推进数据业务应用方面进行了一系列探索和尝试。

北京电视台 2015 年下半年至 2016 年上半年完成了数据技术系统的设计和建设工作，以台内自有媒体应用及互联网数据为基础，通过各种途径、工具和手段形成数据的采集、处理、存储、管理和分析能力，支持业务统计、智能推荐、舆情分析、收视指数、决策支持等一系列数据应用。针对不同业务模型的平台化数据资源池，在此基础上启动数据治理进程，建立数据字典，制定数据规范。数据技术系统分为能力平台和应用集群两部分，总体架构如图 3-6 所示。

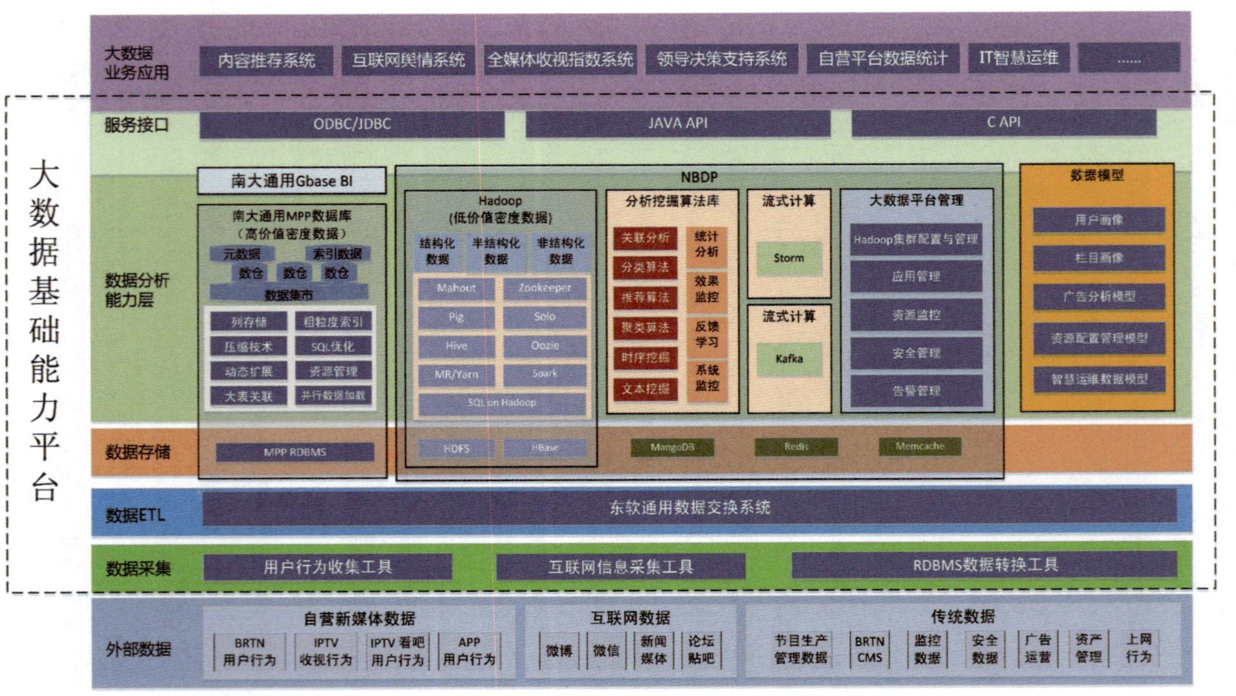

图 3-6 北京电视台数据技术系统总体架构

其中数据能力平台是数据技术系统的重要组成部分，采用分布式基础架构，为上层应用集群提供基础支撑，主要包含如下组件：

(1) 语言转换工具：主要基于 SQL on Hadoop 工具，为 Hadoop 数据架构提供 SQL 能力。

(2) 数据采集工具：目前支持数据导入、抓取、接收三种方式获取外部数据。数据导入方式主要针对 IPTV 用户数据、外购互联网栏目数据、第三方平台收视数据及内容生产数据；数据抓取方式主要针对微博、微信等社交网络数据以及垂直网站数据；数据接收方式主要针对自有网站、APP 用户数据，IPTV 用户行为数据，以及台内系统运转相关的安全、运维、生产、管理类数据。导入和接收方式通过应用调用接口和台内服务总线完成，抓取方式则采用第三方采集器。

(3) 数据清洗工具：完成外部数据向内部数据的转换、清理，面向分布式、异构环境，实现应用系统间数据交换和数据迁移，满足数据集成需求。

(4) 数据存储管理层：采用"Hadoop 平台 + MPP 数据仓库"方式。根据经验，20%的长周期数据挖掘、专题分析放在 Hadoop 平台上实现，80%的结构化数据分析放在 MPP 数据仓库中实现。

(5) 数据分析能力层：需求分为数据统计分析、数据演绎推理和数据深入挖掘三个类别。前两类需求通过 SQL on Hadoop、MPP 关系型数据库实现，后一类则通过 Hadoop 平台提供的 MapReduce 计算框架实现。

(6) 平台管理工具：主要实现应用提交与发布管理、应用程序调度和全程可视化监控、平台维护和资源监控、平台安全等功能。

相对于能力平台，数据应用集群建设更为关键，目前主要是围绕融合媒体类大数据分析应用需求展开。针对自有 IPTV、新媒体应用网站及 APP 的用户行为数据，微博、微信、贴吧、论坛中的用户社交数据，视频网站中的内容播放数据等大量结构化、非结构化数据，形成了新媒体业务统计、跨应用智能推荐、互联网舆情分析、全媒体收视指数、管理层决策支持等一组应用。

北京电视台融合生产云平台的数据治理应用与实践项目规划开始于 2017 年，至 2019 年年初步完成，并在融合新闻云平台部署应用，主要是将北京电视台的数据作为资产而展开的一系列的具体化工作，是对数据全生命周期的管理，其目的是为扭转目前电视台在数据应用方面的不利局面，着眼运维和管理两个方向进行研究：一方面，从运维角度出发，通过系统运行数据的综合分析，反应系统运行状态和变化趋势，探索数据对于电视台业务、运维、管理、决策等多个方面的应用价值，解决目前运维工作面临的大量运行指标监看、故障排查困难等难题；另一方面，从管理角度出发，完成电视台内部各业务系统各类运行数据的收集整理，解决目前系统管理面临的资源分配以及应用优化的难题，通过数据分析，给以上两方面的工作提供客观的事实依据。整体上旨在通过“数据反应系统运转模式”到“数据分析结果反应系统状态”再到“通过数据应用优化系统运行以及资源调配”的实践，实现对整个北京电视台所有系统的数据进行规范化、科学化的分析、关联、处理，进而指导全台的运维管理、业务模块规划以及辅助决策。

北京电视台融合生产云平台的数据治理应用与实践项目的核心设计思路是“以用带治”，即通过探索以数据为中心的应用场景，反向推动数据治理的底层架构梳理与建设。具体分为三步。第一步，发掘应用场景：通过调研、分析寻找到目前在“运维管理”“资源配置”“业务管理”等一线运维、科室管理人员以及业务部门人员明确需要的以数据为中心的应用场景。第二步，确定数据支撑：分析这些应用场景是否具备数据条件，梳理已知数据应用场景的数据支撑。如不具备数据支撑，反馈给应用厂商，并由其提供基础数据支撑。第三步，数据应用展现：在已确定数据应用场景与基础数据支撑的前提下，根据不同应用场景采用“数据看板”“数据应用工具”以及“数据分析报表”等多种方式形成可交付成果。

针对以上设计思路，融合生产云平台数据治理项目的总体架构分为采集、管理、分析和应用四层，如图 3-7 所示，采集层部署基础硬件环境以及软件应用环境的数据采集，数据采集是本次数据治理项目的基础，在数据治理过程中，往往涉及对众多设备、软件的运行数据采集，采集对象的多样性决定了采集方式多种多样。在数据采集方面，涵盖了基础数据、业务数据两个方面，通过接口、日志、标准 SNMP 协议等多种方式进行数据采集。在管理层，从使用角度出发，采用大数据平台实现了数据的清洗、挖掘以及结构化存储等多种处理。数据管理是数据治理过程中最为重要的环节，对后续应用数据使用的便利性以及效率有着直接的影响。在分析层面为多个数据治理应用场景开发了多种数据分析算法实现数据的分析，最后在应用层分别部署了面向基础资源优化、应用工具优化以及支撑能力优化的各种数据应用工具。

本次数据治理项目中，通过接口、MIB、日志等多种途径，实现了包含基础硬件环境和上层应用环境两方面的运行数据全面采集。其中，基础环境数据覆盖了华为、H3C、EMC、Citrix、Oracle、MySQL、MongoDB、Redis 等厂商软硬件设备的运行数据共计 171 项；在应用环境方面，采集数据覆盖了非编、文稿、审片、内容库等前台应用以及 MPC、后台支撑微服务等一系列后台应用的运行数据共计 117 项。数据治理的目的在于挖掘数据的价值，通过数据

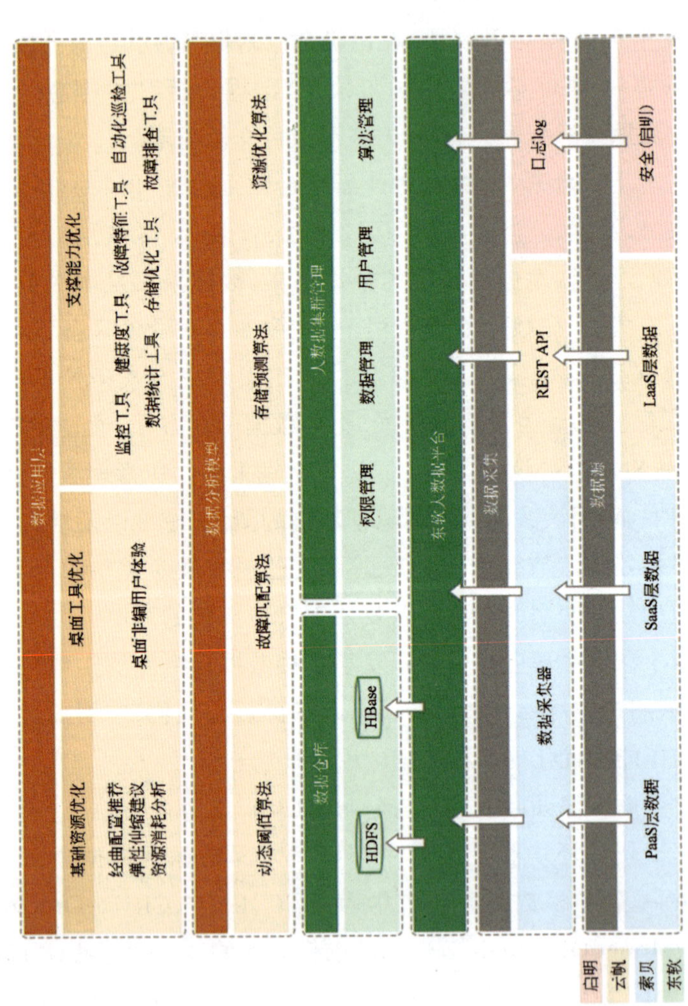

图 3-7 融合生产云平台数据治理总体架构图

应用让数据服务于业务的发展、系统的管理等多个方向。这一过程一定是一个循序渐进、不断发展的过程。因此在系统建设初期制定一套完整的规范显得尤为重要。为了更好地进行数据应用，遵循“以用带治”的总体推进思路，项目在确定应用场景目标后制定了一整套的数据治理规范，该规范涵盖了数据采集的范围、采集频率、数据类型定义、采集方式、接口标准、数据的存储规范、数据交换接口协议等，并按照规范采集数据，完成数据清洗、分析、统计、应用等工作。数据治理项目力图基于 BTV 新闻云及综合云内各项运行数据，探索建立并夯实数据治理体系架构，全面汇聚制作系统、业务有关数据，以一线运维支撑、资源配置管理两个方向作为示范，构建“业务健康度”“资源优化配置”“运行效率优化”“用户体验优化”等四个数据应用，建立对综合云业务运行情况的监测分析能力、基于实际业务运行情况的资源最优配置能力、运行效率优化能力以及用户体验优化能力。

北京电视台融合生产云平台的数据治理应用与实践项目已在融合新闻云和融合生产云项目中部署并应用，完成全面的数据采集，遵循“以用带治”的推进策略，从应用角度完成对数据的组织和管理，同时将人力从大量简单重复性劳动中解放出来；通过算法构建了一套具有自我学习能力的指标状态评价体系，替代原有主观阈值评价体系；构建了面向业务的系统健康状态量化评价体系，降低人员能力要求；初步开发了一系列数据分析工具，辅助人工故障排查，并建立故障数据特征知识库，通过系统沉淀运维经验，实现运维经验在团队中的有效传递。从现阶段应用实践效果看，在电视台技术系统运维领域，依托大数据技术、数据治理方法，在一定程度上确实降低了一线运维人员的劳动强度，并且通过智能算法的应用，有效地提升了运维团队对于系统运行状态的态势感知能力。

3. 展望

北京电视台目前已经初步明确了数据平台建设架构，并借助智慧媒体等一系列项目建成了数据能力平台、应用集群以及一些以数据治理为基础支撑的管理类应用系统，在舆情分析、内容推荐、收视分析、广告统计、网络安全、运维、管理等方向逐步发挥指导和参考作用。同时应该看到，无论系统建设还是应用实践都处于初级阶段，面临着很多需要克服的难题，包括尚未在全台范围内形成数据相关的统一规范，数据治理进程难以正式启动；不少已建成的系统设计较为封闭，很多具有潜在应用价值的数据很难抓取出来；具有广电行业特点、适配电视台业务场景的大数据算法和模型极度稀缺，分析过程举步维艰等。

这些挑战并非主要来自数据技术、系统平台甚至是应用设计方面，而是源于管理机制，包括组织、部门的封闭性思维方式使得数据的打通和横向流动极为困难；新传播形态下的评估数据难以转化成业务考核指标，因而阻碍其对业务产生更为深刻的影响；传统运维团队没有数据分析人员，外包式数据服务缺乏质量管控手段；节目制片人对从传统收视分析以外的数据视角进行节目构思的意识和习惯尚未形成，应用推广较为吃力等。上述问题有些属于电视台内部战略、管理和运行机制领域，有些则依赖于整个广电行业在大数据领域的发展态势。

由于北京电视台系统繁多，数据庞大，系统间关系复杂，因此采用“分两步走”的策略：第一步，以北京电视台新闻云项目为基础，对数据治理进行初期探索，首先实现平台的数据采集和制定标准规范，针对非编、合成等基础业务数据以及运维数据等进行科学合理的数据处理，利用人工干预和机器学习的方法，找出适合北京

电视台的转型模式；第二步，立足第一步的实践基础，在相对成熟的数据学习经验之上，将其拓展到北京电视台其他业务数据，逐步实现全台数据在该数据平台上的统一管理和处理。

在现阶段的技术大背景和北京电视台的实际情况下，北京电视台融合新闻平台已初步实现对整个云平台技术系统的数据治理，为下一步智能化奠定数据基础。同时，此项目也作为前期的探索，立足北京电视台的现有技术基础，探索出一套真正符合北京电视台需求的数据治理平台，进一步深化电视台云平台建设、管理、维护、决策的方法与模式，为业务与技术真正的云平台转型探索出模式，为推广到其他业务系统奠定技术和实践基础。

3.3 业务应用

3.3.1 概述

在以往的电视台组织战略中，技术总体上处于辅助支撑地位，即对电视台的节目制作生产及播出业务起到安全保障作用，但与收视、收入并无客观层面的直接关系，因此也导致与业务相比，技术变革相对被动，不能满足生产灵活多变的业务需要。

近年来，随着信息化进程不断走向深入，信息技术迅速渗透到电视制播业务的各个主要环节，使现场采集、现场制作、后期包装、播出传送与分发等领域呈现加速发展态势，为媒体融合转型、节目形态升级、业务模式优化创造了技术条件；与此同时，业务应用领域的升级优化也为信息技术提供了更为广阔的应用场景。

目前电视台业务应用热点可以分为“长期发展战略”和“短期需求适配”两类。前者主要包括媒体融合转型、业务模式优化、节目形态升级、超高清画质升级等，后者主要以建国 70 周庆典、北京

2022 年冬奥会等重大转播报道活动为代表。两类业务热点并非割裂关系，而是相辅相成，协调统一。冬奥会等重大转播报道任务为超高清画质升级、媒体融合转型提供了政策驱动和发展契机，业务模式优化与节目形态升级为提升转播报道水平提供了有效手段。同时两者都离不开信息技术的支撑保障和创新驱动。

3.3.2 探索

信息技术将在热点业务领域发挥关键性支撑作用。针对具体业务需求，加强数据应用能力，打造数据闭环，提升用户黏性。依托信息技术手段，为传统演播室提供全媒体汇聚能力和用户互动能力，促进节目形态升级；利用 IPTV 支持双向交互能力，结合用户数据采集、分析，实现个性化、精细化广告投放和内容运营。在传统播出中心视音频系统引入信息化监测工具，为安全播出保障工作提供辅助支撑，带动应急处置和运维模式变革，结合管理机制优化提升安全播出保障能力。依托 AV-IT 融合架构，建设大型 IP 化超高清转播车，满足冬奥转播报道功能需求。建设冬奥纪实频道制播系统建设，为超高清频道开播提供技术支撑，以此带动相关行业发展，打造完整产业生态。

1.《军情解码》数据应用

目前数据应用仍属新鲜事物。通过大数据能力平台和应用系统建设，将自营新媒体业务、互联网社交网络、传统媒体业务、技术系统运行数据纳入治理范围，支持广告和内容推荐、综合传播效果分析、系统/业务运行态势呈现，同时带动其他以数据支撑为特征的管理类系统建设。

在现实业务运转过程中，数据应用尚面临一定困难。尽管数据收集、处理、分析、反馈的过程虽不陌生，但应用系统普遍缺乏相

应支持。应用推广中发现台级大数据应用的规划和运行难度更大，栏目一级的应用空间相对宽松，且容易形成反馈闭环。

北京电视台技术部门为《军情解码》栏目的微信公众号，以基于数据服务的舆情分析为支撑，量身定制了数据分析服务，发现该栏目三年来在互联网视频平台的点击浏览数据达到近 6 亿次，这使得栏目组看到了自己在传统播出频道之外的传播价值，强烈希望进行新媒体方向的拓展。于是，通过对北京地区手机数据上网流量的采集分析，定位了该栏目在移动互联网上的主要目标人群，建立了电子杂志和公众号。经过有针对性的运营，短短三个月就帮助其将粉丝数量扩张至 20 万，且一直保持较高黏度。更有意思的是，分析过程中发现斯柯达汽车是该栏目粉丝情有独钟的汽车产品，为栏目硬广招商和软广植入提供了有价值的参考。

2. 全媒体演播室

随着新媒体融合的建设思路推进，为满足各节目中心对全媒体内容的迫切需求，全媒体演播平台建设已成为发展必然趋势。所谓“全媒体”是指媒介信息传播采用文字、声音、影像、动画、网页等多种媒体表现手段，利用广播、电视、音像、电影、出版、报纸、杂志、网站等不同媒介形态，通过融合的广电网络、电信网络以及互联网络进行传播，最终实现用户以电视、计算机、手机等多种终端均可完成信息的融合接收，实现任何人、任何时间、任何地点、以任何终端获得任何想要的信息。建设一套功能强大、技术优良、业务多样、服务理念革新的全媒体演播室平台已提上日程。

要实现上述业务融合发展目标，就需要将原先支持电视播出方式的节目制播系统升级为内容多来源汇聚、多流程生产、多渠道发布的技术平台。北京电视台在综合考虑全媒体演播室的发展趋势基础上，充分利用已有的技术资源，增加通用性的功能。在智慧媒体项目中，在大外延平台和1005科教演播室、710体育演播室基础上进行功能性扩展和系统改造，打造演播室信息汇聚和用户互动能力，实现围绕电视内容的强互动应用，采用内容汇聚、虚拟植入、大屏包装等技术，将互联网社交媒体数据（如微博、微信等）引入演播室并呈现出来，同时通过制播业务网络与新媒体应用网络之间互联链路，打通新媒体业务通道，为台网协同提供技术支撑。

3. IPTV内容分发平台

IPTV是依托电信宽带网络和宽带业务平台，利用编码、P2P与组播、版权管理、大数据等技术手段，以机顶盒或其他具有音视频解码能力的数字化设备为终端，通过聚合服务提供商的各种流媒体服务内容和增值服务，为用户提供多种互动多媒体服务的业务应用。

自2008年国内第一批用户上线以来，IPTV保持迅猛发展态势，现已成为拥有海量用户、具备盈利能力、每日服务时长超过传统有线电视的主流媒体平台。其产业链已涵盖内容提供商、运营商、集成播控平台、电信系统运营商以及终端设备供应商。在有线电视用户数逐年减少、电视终端开机率不断下滑的情况下，IPTV用户总量保持高速成长，反超有线电视。截至2019年第二季度，有线电视用户总量净减少为385.6万户，降至约2.19亿户，而全国IPTV用户总量已达2.81亿户，对固定宽带接入用户的渗透率为64.7%，较一季度提升了0.5%。

北京电视台IPTV集成播控平台于2013年上线运行，到2019年7月，用户规模已超过200万。内容服务包括直播、时移回看、付费点播、智能推荐等形式。信号格式以高清为主，同时积极开展4K超高清、VR业务尝试。目前拥有6个高清自办频道和1个4K自办频道；向央视提供六十余路卫星信号作为全国IPTV平台直播备路，向广东、河北、辽宁、山西等地外送精品节目和 4K 超高清节目；实现北京地区房山、朝阳区县台信号接入，并完成分区、分组外送；同时提供中央、省级、数字电视频道等二十余路节目收录功能，供台内节目生产使用。未来计划在 IPTV 头端系统引入平台化架构，提高升级拓展能力，提升大数据应用能力，提高实时数据分析和智能化水平。

4. 播出中心系统

2018 年 11 月底，北京电视台播出系统全面高清化整合项目正式启动。该项目将建设新一代播出系统，形成 4 个播出岛和 1 个备份岛的总体格局，结合信息化监控系统，提高安全播出监测能力，充实安播保障工具和系统运维工具，优化播出值班与应急处置流程，在实现全面高清化的基础上，推进播出业务模式从“人工值守，人工处置”模式向“人防 + 技防”模式逐步过渡，并对管理制度、组织架构进行适配调整。

北京电视台现有 12 套节目，其中 5 套高标清同播节目、1 套高清节目、6 套标清节目。本项目新建播出中心系统与监控系统包括 5 个业务岛。其中北京卫视同播频道单独形成卫视岛；其他 11 个播出频道与 1 个备份频道，共计 12 个频道分为 3 个播出岛，每个播出岛 4 个频道；监控系统部署于集中监控岛。监控系统由监测数据采集模块、数据采集服务器、数据汇聚分析服务器、统一监控平台软件等软硬件设备组成，对播出中心系统视音频设备运行状态、播出通道关键节点信号以及整备和播控系统软硬件设备运行状态、业务流程、机房环境进行分析处理，实现自动应急倒换、播出异态告警、快速故障定位、运行状态监测、监测信息调度及展现等功能。

以往播出中心系统以视音频设备为主，值班模式采取人工值守方式，故障判断和应急处置效果主要取决于值班人员主观因素，在安全播出保障要求不断提升的背景下，已经难以适配形势发展变化。通过引入信息化监控工具，有机结合视音频技术与信息技术，值班方式和播出业务模式相应调整为“人防＋技防”“人工值守＋安播监测”方式，利用信息技术手段实现自动应急处置、快速故障定位等辅助功能，帮助值班人员及时发现各类异态现象，提高故障判断准确率，简化应急处置流程，降低一线值班人员工作强度、缓解精神压力，显著提升安全播出保障效能。

播出业务模式实现升级转换后，管理机制相应进行适配调整。引入“大播出科”“大科制”理念，取消原播出中心科、传送科、技术科等机构设置，横向整合为综合性“大播出科”业务科室。业务范围全面涵盖整备、播出、传输等流程环节。削减一线值班员数量，充实二线技术支持团队，将节目整备与播控网络运维人员纳入“大播出科”管辖范围。新增技术领班、系统运维、重点频道值班员等特殊岗位，充分发挥技术骨干作用，同时根据职责权重、技术能力调整薪酬绩效。

北京电视台播出中心高清化整合于 2019 年 10 月建设完成并投入试运行。后续将根据运行效果进一步完善安全播出监测工具，优化监测手段、业务模式、管理制度之间相互关系，充分发挥信息技术优势，不断提升安全播出保障效能。

5. 4K 超高清转播车

北京电视台超高清转播车项目于 2019 年 3 月正式启动。该项目定位于 IP 化全功能超高清转播车建设，围绕 2022 年冬奥会转播报道业务需求，按照奥林匹克转播服务公司（OBS）A 类现场制作系统标准进行规划设计，为台内冬奥纪实超高清频道开播提供技术支撑。

近年来，随着技术支撑手段不断发展成熟，超高清已经成为国内外大型体育赛事转播中的标准信号格式。2018 年 2 月平昌冬奥会期间，转播机构制作了超过 360 小时 4K 和 70 小时 8K 的超高清赛事信号。2018 年 7 月俄罗斯世界杯期间，全部 12 块比赛场地均采用超高清/高清混合制作解决方案，实现了全 4K HDR 播出。虽然限于成本和技术因素未能全面采用 4K 摄像机，但已取得长足进步。2020 年东京奥运会将使用超高清系统进行赛事信号制作，预计 2022 年北京冬奥会将成为奥运转播历史上第一次对全部项目进行超高清转播的冬季奥运会。

2018 年 3 月，北京市委书记、北京冬奥组委主席蔡奇在北京市全面推进 2022 年冬奥会和冬残奥会筹办工作动员部署大会上提出，要使科技成为北京冬奥会、冬残奥会的鲜明亮点。北京市发展与改革委员会在《关于落实推进北京市 8K 超高清显示产业发展有关工作任务分解的函》中明确了北京冬奥会 8K 超高清转播试点落地任务。

2018 年下半年，奥林匹克转播服务公司（OBS）在北京召开多轮制作技术与设备研讨会，表达了邀请中方团队参与东京 2020 年奥运会、北京 2022 年冬奥会转播的合作意愿。根据奥林匹克转播服务公司《超高清高动态范围现场制作系统规格》要求，奥运会转播系统分为三类：其中 A 类为大型现场制作系统，提供两路公共信号输出，系统配置包括 18 路以上摄像机讯道，2 路超高清慢动作讯道，主切换台具备 40 路以上信号输入，主工作区可容纳 12 名以上转播制作人员，第二工作区容纳 10 名以上转播制作人员，视频技术区配置 7 名以上工程师，音频区 3 名以上工程师；B 类同属大型现场制作系统，提供单路公共信号输出，配备 14 路以上摄像机讯道，2 路超高清慢动作讯道，主工作区 12 名转播制作人员，技术区 6 名工程师，音频区 3 名工程师；C 类为中型现场制作系统，配备 10 路摄像机讯道、1 路超高清慢动作，切换台具备 32 路信号输入，主工作区 8 人，视频技术区 5 人，音频区 3 人。

北京电视台超高清转播车项目以参与 2022 年冬奥会转播为目标，系统规模、设备配置、功能实现完全满足或超出奥林匹克转播服务公司 A 类系统要求。转播车整体设计特点突出大车体、多讯道，追求主题创新。车内设置 4K 现场制作、精彩集锦、视频技术、音频制作等多个工作区，总计可容纳 31 名现场制作和技术保障人员，在全面适配国际顶级赛事转播报道需求基础上，兼顾台内新闻、体育、文艺类大中型节目制作业务需求。

截至 2019 年 7 月，北京电视台超高清转播车项目正处于规划设计阶段，计划于 2019 年年底完成招标采购，2021 年年底至 2022 年年初北京冬奥会期间正式投入使用，为国际顶级冰雪赛事转播提供技术支撑。

6. 融媒体中心技术平台

2018 年 8 月，在北京市委、市政府指挥部署下，北京电视台、北京广播电台、新媒体集团共同成立了北京广播电视台融媒体中心，全力打造新型主流媒体，在推动融合转型的发展道路上迈出了实质性步伐。

2019 年年初，融媒体中心技术平台规划设计工作正式启动。此前，北京电视台融合新闻中心业务系统也已上线运行，形成了较为完整的融媒体业务支撑能力，为融媒体中心技术平台建设创造了基础条件。融媒体中心技术平台将依托融合新闻中心业务系统建设成果，按照以电视台为主的原则，以现有“新闻演播室 + 融合新闻云 + 指挥调度系统”为核心，打通与电台、新媒体集团技术系统之间的数据接口，实现底层资源（技术、内容）共享、中层业务调度、高层综合管控的目标，通过对内整合、对外连通，最终完成统一技术平台的建设。

短期内，围绕融媒体中心成立初期业务需求，对融合新闻云指挥融合调度平台进行功能完善、规模扩充，先期实现电视台融合新闻云、电台讯听云、新媒体内容生产和发布等业务系统的统一选题策划以及任务协同，并对业务运转状态、业务支撑资源进行集中展示；同时通过远程终端等方式，将“北京时间”等关键业务应用部署到大北窑台址，满足融媒体中心成立初期统一管理、统一策划、统一编排的需求。

未来，根据融媒体中心业务发展需要，对电视台、电台、新媒体集团内容发布系统进行整合重构，形成统一的融媒体内容发布平台，实现内容发布环节的全面融合、统一管理；并在此基础上继续开展平台建设，建设形成统一、完善的融媒体技术平台，全面适配以新媒体为重心开展各项核心业务的发展趋势。

7. 冬奥纪实频道 4K 超高清制播系统

为落实国家新闻出版广电总局《十三五期间广播影视科技发展规划》《超高清视频产业发展行动计划(2019-2022 年)》，北京电视台于 2018 年着手制定了冬奥纪实频道超高清制播系统规划，并不断加以优化。截至 2019 年 7 月，超高清频道制播系统框架方案已基本固化。

2017 年 9 月，国家新闻出版广电总局发布《新闻出版广播影视“十三五”科技发展规划》，将电视台节目“制播高清化，适时开播超高清试验频道”列为“十三五”期间主要任务，鼓励有条件的省级电视台探索建立 4K 超高清电视节目制播系统。2019 年 2 月工业和信息化部、国家新闻出版广电总局、中央广播电视总台联合发布了《印发〈超高清视频产业发展行动计划(2019-2022 年)〉(工信部联电子〔2019〕56 号）的通知》，要求包括广电在内的相关行业大力推进超高清视频产业发展和相关领域的应用，“有条件的地方电视台开办 4K 频道”，组织“开展北京冬奥会赛事节目 8K 制播试验”。

2018 年 10 月 1 日，中央广播电视总台开播 4K 超高清试验频道；此前不久，国家新闻出版广电总局批复同意广东广播电视台综艺频道调整为 4K 超高清方式播出，该频道也成为全国首个省级电视 4K 超高清频道。未来 3 年，中央广播电视总台还将投入 80 亿元，广东广播电视台也将投入 20 亿元，用于扶持 4K 电视发展。2019 年 6 月上海国际电影电视节期间，上海广播电视台正式对外公布 4K/8K 超高清三年行动计划，到 2022 年，确立 4K/8K 电视节目创作中心地位，形成 1 个本地综合性 4K 公益频道、4 个 4K 专业付费频道的总体格局，实现全国范围覆盖 7000 万用户。截至 2019 年 7 月，已有至少 9 家电视机构向国家新闻出版广电总局正式提出超高清频道开播申请。

开办超高清频道不仅是电视台谋求自身技术升级的必由之路，同时也是带动相关产业链发展的重要举措。超高清频道涉及视频采集、制作、传输、呈现、应用等环节，牵扯范围广，产业链条长，对信息产业各领域的辐射带动效果显著。将带动终端整机、视频制作设备、存储设备、传输设备、显示面板等的升级换代，推动芯片、专业处理软件等薄弱环节补齐短板，提高产业供给体系质量；将拉动 5G 宽带通信网络建设投资和业务发展，加速 5G 商用进程；为人工智能、虚拟现实等新一代信息技术提供重要应用场景，塑造产业竞争新优势，推动形成国际领先的新兴信息产业集群。

北京电视台冬奥纪实频道超高清制播系统建设重点围绕冬奥会及冰雪运动转播报道任务，兼顾多种节目形态需求，形成规模化超高清制播能力，加强超高清内容储备和产能储备，提升超高清节目制作比例，推动北京进入国内省级开通超高清频道第一方阵，占领超高清技术创新应用制高点，助力北京全国文化中心和科技创新中心建设。

冬奥纪实频道制播系统建设内容主要包括前期拍摄设备与现场制作系统、后期制作包装、播出传送、演播室技术系统等。其中前期拍摄与现场制作系统包括采购外拍摄像设备、搭建演播室现场制作系统实现常规素材采集，资讯、赛事、访谈、季播类节目现场录制、转播以及 5G 信号、视音频文件回传等。后期制作包装部分主要包括非编系统、媒资系统和节目包装与高端制作等，非编系统优先满足资讯类节目快速编辑、制作需求，未来随业务需求拓展，进一步扩充规模，综艺节目等生产相关功能；媒资系统同时对超高清成片、素材进行归档存储，并与播出系统实现互联互通，为全台网预留接口；后期包装系统重点针对宣传片、优质纪录片后期制作需求进行优化。播出传送系统实现超高清、高清信号同播；对总控系统进行改造，使之具备超高清信号调度能力；增加部署超高清编码传输设备，送歌华有线网络、卫星地球站、IPTV 播控平台等进行传输分发。

冬奥纪实频道 4K 超高清制播系统建设计划分两期建设完成，一期项目完成超高清纪实频道开播所需最小化技术系统建设；二期项目扩充规模、完善功能，为冬奥会期间冬奥纪实频道提供较为完整的超高清电视制播业务支撑能力，两期项目建设完成后，预计可实现每年约 1500 小时节目制播能力。一期项目预计于 2019 年年底至 2020 年年初启动招标采购工作，2020 年年底建设完成并投入使用。

3.3.3　展望

近年来，电视行业最热门的词汇莫过于媒体融合。从狭义视角看，IPTV、超高清技术升级、数据应用，均属短期需求适配范畴，媒体融合才是电视台长期发展战略的主旋律，但从广义上说，前述业务热点也是媒体融合进程中不可或缺的必要组成部分。伴随着系统建设、应用推广、运行维护等层面实践的深入，关于媒体融合的相关思考从未停顿，答案也似乎未如预想般的触手可及。

首先，媒体融合与融合媒体，强调的究竟是过程还是结果？如果是前者，那么与此相关的方法论何在？如果是后者，终极业务生态特别是传统电视所处的位置怎样？其实，更重要的是如何将过程和结果匹配，不然在现实中，推进的措施很可能导向一个大家心底里并不愿接受的结果，比如内容上网、应用上云、节目互动之后，结局也许就是电视成为网络视频的入口，并逐步丧失入口价值直至消亡，而在网络视频领域的残酷竞争中我们又毫无胜算。

其次，传统媒体与新兴媒体，从技术角度看区别何在？前者除了内容生产，还要组织频道，并严格保障广播过程的正确无误。而后者提供内容后由用户选择，点对点的播放方式既轻松又支持精准营销。另外，前者以精耕细作、从无到有的农业生产方式为主，后者以集约制造、汇聚加工的工业方式为主。总之，前者完全不具备与后者的竞争条件。那么，我们可以同时推进电视和网络视频两种相互关联的生态吗？用户对于同一内容，只会选择一种消费方式，左右手互博大概只能亮出破绽。

最后，媒体融合的原始驱动力，是社会发展、业务诉求还是技术演进？客观分析，社会发展是主因。互联网作为新兴力量，将逐步改变所有传统业态。对于运行、管理能力高于社会平均发展水平的行业，改变的结果很可能表现为融合，例如金融、能源，否则更可能是颠覆，例如零售、租车。对此，我们应该如何定位自身，如何实现自我提升以真正具备融合的本钱？

迎接上述问题的挑战并选择理性的应对策略，是业务发展战略层面的事物。对于电视台而言，业务战略是组织战略最重要的组成部分，也是技术体系发展的依据。同时，信息技术的发展以及信息系统的建设，使得技术体系在组织战略中所处的地位逐步由支持、保障向创新、驱动转变，技术与业务的结合将越来越紧密，业务对技术的依赖尤其是对信息技术系统的依赖程度空前高涨。未来，如何让信息技术更好地与业务结合并为业务提供优质服务，是信息技术体系的首要课题。

在应用发展角度，结合媒体融合目标，敏捷化、娱乐化是值得关注的两个重要角度。电视业务不再拘泥于传统节目制播的同时，对应用的轻量塑身、敏捷迭代提出了更高要求，云计算平台、微服务技术等也在架构层面提供了可行性。同时，应用的娱乐化方向需要落实。在信息的采集、处理、发布之外，签到、抽奖、竞猜等娱乐活动作为实现内容互动的有效途径，也是不可或缺的。与此相关，智能识别、智能处理等技术手段必将得到深入使用，为娱乐化应用、内容互动提供支持。

3.4 技术管理

3.4.1 概述

北京电视台新台址信息技术体系建设在演变过程中比较充分地体现了网络化的特征和优势，应该看到在上述演进过程中，技术体系内部管理机制与运行模式之间的相互作用，将成为左右发展和进步的重要因素。一个技术先进、业务适配的技术架构，更需要相应的技术管理和系统维护机制来支撑。技术、业务和管理三者有机结合，才能真正发挥网络化的优势。

技术管理配合技术系统建设逐步形成体系，基本涵盖技术情报追踪、技术发展规划管理、技术预算管理、技术工程管理、设备采购及合同管理、技术资源管理、固定资产管理、技术质量管理、安全播出管理几个方面，以办公审批、流程管理贯穿驱动。组织架构上，设有技术设备管理部和总工程师办公室办两个职能部门，分担技术管理职能。IT 部门信息网络管理部承担系统运行维护管理职能，涉及运维人员管理、运维模式确立、设备维保维护等方面。

技术情报追踪：搜集技术资料，跟踪技术发展动态及行业，组织技术交流研讨，专项课题研究，建立技术情报和技术资料知识库，为发展规划的制定提供依据。

技术发展规划管理：起草制订 5 年技术发展规划以及年度技术升级改造计划，研究制定技术标准，为技术工程项目提供指导。

技术工程管理：按照流程化驱动模式，组织技术方案初审、论证，招标文件技术部分规范化修订、内容合成，组织谈判招标采购，按合同监督执行、跟踪实施及验收试运行情况。

设备采购及合同管理：按照审核通过的技术项目，预算起草招标采购技术设备标书中的商务部分，进行招标采购及合同签订并付款，招投标文件存档管理工作。

技术资源管理：统一协调技术资源，单件独立设备的规划与调配，管理专业磁带及日常耗材，在特殊环境下，提供应急系统的技术资源支持与技术保障。

固定资产管理：统一管理全台技术系统固定资产，按照设备的生命周期，进行专业设备的固定资产登记、入库、出库及报废管理。

技术质量管理：测试检测技术系统与设备的性能及质量，作为技术工程项目建设的验收。

技术预算管理：根据技术体系运转需求，结合全局技术规划，测算基础运行费用、专业技术改造资金需求，编订预算科目，设置支出上限，按照台内财务管理规定，严格执行逐级审批制度，专款专用，并在下一年度预算编订过程中根据实际情况不断优化调整，确保技术体系适配业务需求和台内总体发展需求。

安全播出管理：参照 ISO9000 质量认证管理体系的构架，建立安全“播出质量管理体系”，确立“安全、稳定、优质、高效”的安全播出工作方针，树立安全播出管理目标，梳理相关技术部门的岗位职责、工作流程、规章制度和应急预案，基本实现安全播出管理工作的标准化和规范化，同时设定安全播出监录，为播出安全管理提供参考信息。

技术体系投入正式运行至今，近十年的发展已经形成了比较成熟的态势，各个层面的最佳实践经验逐步成型。随着系统建设信息化、网络化工作的重心转移，重建设、轻运维，重业务、轻管理的不均衡态势所产生的矛盾逐渐突出。对于电视台技术管理层来说，如何在技术架构、运行机制和管理领域融入互联网思维方式，与原有视音频行业基因结合固化，将是非常迫切的任务。

因此，需要引入先进管理理念，通过技术手段支撑，加强整体规划，不断提升技术管理水平。引入“服务化”“体系化”理念，推进信息系统运维管理的服务化转型，实现安全播出管理、网络安全管理的科学性和精细度；提升质量管理水平，确保设备质量性能达标。加强整体规划，围绕新技术发展方向追踪并测试验证，推进创新实践；依托大数据、智能化等新型技术手段，不断提高运维管理、安全管理、资产管理中的技术支撑比重；优化服务流程，整合技术资源平台，提高技术管理水平和效率。

3.4.2　探索

北京电视台通过信息化、网络化手段，引入先进管理理念，加强整体规划，不断提升技术管理水平，不断加强“服务化”“体系化”的理解，推进技术管理的转型。在技术管理探索中，首先通过技术规划管理，结合北京电视台自身特点和未来发展方向，研究制定技术发展规划，制定技术标准，为技术工程项目提供指导；其次通过审批流程管理，按照流程化驱动模式，对即将开展的工程项目组织技术方案初审、论证、招标文件规范化修正，按照招标合同进行采购、监督、执行，并跟踪实施及验收；最终通过技术资源管理实现台内技术资源统一管理，日常耗材统一调配，为应急系统提供技术资源支持和技术保障。

1. 技术规划管理

在北京市“十二五”期间，按照国家新闻出版广电总局对广播电视安全播出工作的总体要求，北京电视台基本建成了网络安全保障体系，完善了重点安全保障期的安全管理，播出安全和网络安全保障能力显著提升。“十二五”期间，北京电视台技术工作虽然取得了长足的进步，但与内容生产和业务发展的新需求之间还存在一定差距，在实施创新驱动发展战略、加快传统媒体和新兴媒体融合发展、推动内容生产结构优化升级、壮大主流媒体等方面还存在一些薄弱环节。一是传统媒体与新兴媒体融合发展进程相对缓慢，不能适应三网融合和媒体激烈竞争的形势要求，与首都文化中心定位和打造具有竞争力的新型主流媒体还有一定差距，融合媒体制播能力急待提高；二是播出安全保障能力难以适配新时期、新技术、新业态对安全播出的新要求，有待进一步充实提高；三是技术系统高清化、网络化、智能化的升级改造任务艰巨、资金缺口巨大。这与打造高质量的融合媒体型智慧广电以及北京电视台技术系统进一步升级改造的迫切要求存在较大差距。

2016 年，北京电视台依据国家新闻出版广电总局重点工作任

务，结合台内技术体系现状和未来发展方向，开展北京电视台“十三五”期间技术发展规划编制工作，根据中央和总局的要求成立了领导机构，组织开展对发展方向以及存在问题的探讨，明晰发展瓶颈，并制定解决方案，最终确定了规划的总体思路和架构体系。“十三五”规划是北京电视台未来五年发展的蓝图和依据，“十三五”期间，北京电视台技术体系建设将以信息化、融合化为主攻方向；在技术层面，以数据化、智能化为手段；在管理层面，以服务化、体系化为抓手，全面推进升级转型，为北京电视台各项事业提供技术支撑和技术驱动。

“十三五”期间北京电视台将深入落实《广播电视安全播出管理规定》(广电总局第 62 号令)，在“十二五”规划取得的进展基础上，进一步加强安全播出管理体系建设，更新完善技术体系，健全网络安全保障体系，整体提升安全保障能力和水平，为北京电视台网络安全、播出安全建设提供技术支撑。与此同时，北京电视台将进一步提升技术管理水平，引入先进管理理念，发挥技术手段支撑作用，加强整体规划，以云计算、大数据、IP 架构数字电视中心等技术为发展方向，进行长期追踪，推进创新实践，依托大数据、智能化等新型技术手段，不断提高运维管理、安全管理、资产管理中的技术支撑比重，不断提升技术体系质量和效能，为实现服务化、体系化、标准化提供技术支撑。

2. 审批流程管理

北京电视台的信息化建设规划了服务于节目生产业务的全台制播体系，以及服务于办公行政业务的职能管理体系。在建设过程中，全台制播体系相继建成并投入使用十余个系统，网络化应用已覆盖节目生产、制作、播出、媒资等各个环节，电视节目制播全面实现信息化。相比之下，北京电视台在技术工程管理方面自动化应用程度相对较低，仅有寥寥无几的部门，尽管使用了独立的业务系统或数据库管理系统，但缺少信息的全方位迅速采集处理，缺乏协同办公的支持环境，极大地降低了整体工作效率，降低了北京电视台技术管理水平。为了改善这一情况，北京电视台以满足台内网络日常办公、技术管理以及各部门办公与行政管理的需要为目标，建设了符合网络日常办公和技术管理需求的信息系统（即审批流程管理系统），除用于全台收发文管理、行政办公、日常事务办理的办公行政管理外，还涵盖了设备购置审批管理、节目生产管理、技术资源管理、设备维修、外协制作、车辆、会议室、通信业务资源申请等技术管理审批流程，极大地增强了办公便利性，促进了北京电视台办公自动化、技术管理现代化的发展进程。

设备购置审批管理是北京电视台审批流程管理系统中一项重要组成部分，北京电视台全台性公用技术经费每年由“京视发”文件下达，由总工办按照文件中的预算列项使用。经费使用需经过立项审批、项目采购、合同签订、款项支付四个流程。设备购置审批管理规定，北京电视台专业技术设备和服务采购由项目责任部门发起，由项目责任部门按项目情况在审批流程管理系统填报《技术采购申请单》。《技术采购申请单》是北京电视台专业技术设备和服务采购活动的重要依据，根据《技术采购申请单》的内容，由总工办进行立项论证，对项目技术方案、采购方式、预算合理性等进行论证。由项目责任部门主任、技术设备管理部主任、总工办主任、副总工、总工根据台内相关规定按照审批权限逐级审批。审批通过后，由总工办按照通过的技术方案、采购方式、预算金额组织执行采购程序。北京电视台设备购置审批管理规定中还对采购申报及审批阶段相关技术部门的责任有较为详细的说明。以上设备购置审批流程以及相关说明，都可以通过审批流程管理系统进行操作和查阅,提高了技术管理流程透明度和运行效率。

北京电视台审批流程管理系统建设过程划分为三个阶段,选择"少用户大应用"和"多用户小应用"的两个典型功能应用,作为系统建设和应用推广的突破重点。在深入分析了系统建设和应用推广的难点后,提出"为关键人物和关键部门提供重点服务"等对应策略,"建章立制"等具体工作方法。系统的成功应用,不仅实现了建设目标,也成为了风险防控、政务公开的有力工具。该系统开创了北京电视台技术管理数字化、网络化、信息化、智能化的新篇章,实现了北京电视台信息化建设中技术办公自动化"从无到有"的质的变化,也使北京电视台设备购置、维修、审批等方面管理井然有序,为后续建设夯实了基础,积累了经验。

北京电视台审批流程管理系统正式运行以来,应用和运行效果良好,系统的建设和成功应用不仅实现了北京电视台"业务流程规范化、资源共享清晰化、服务管理人性化"的新型管理模式,实现了系统的总体建设目标;同时也成为了领导密切联系群众、开展风险防控工作、行政与技术管理审批流程事务公开透明的有力工具。

3. 技术资源管理

北京电视台自 2009 年搬入新台址办公后,随着广电行业高清化脚步的加快,加快了技术的建设和改造。随着设备升级改造,北京电视台已经积累了大量技术资源,目前,技术资源保有量近万件,包括 1 个大剧院,1 个录音棚,35 个规模不同的演播室,14 个非编制作网(400 多个精编站点),上百台摄像机及配件,7 台转播车等技术资源,以及舞美制作、灯光设计、形象设计、食品包装、3D 制作能力等应用于节目制作及直播。

技术资源数量的大幅增长,从事节目生产的技术人员规模也不断扩大,随之而来的管理问题和管理需求不断出现,由此,北京电视台以建立全台范围的技术资源管理系统为契机，力求促成以上需求的满足，全面提升技术资源管理水平。

技术资源管理系统的建设目的是建立全台统一的技术资源信息管理平台，目标是将人、财、物形成一个整体，融合资源管理的管理理念，使其达到一个系统连接多个环节，管理信息和业务数据全面贯通的效果，从而优化技术资源及人员配置，以精细化管理方式促进技术资源从粗放型向集约型转变。

通过技术资源管理系统，北京电视台实现了完成节目所需的技术资源数据统计、调度、收费、转账及预算管理功能，依托信息化网络 Web 平台，实现台内各类资源的实时共享、网上预约、实时监控、订单/预算查询功能，并具有技术资源管理规定实时查询、收费项目收费标准查询、费用及支出数据分析等功能。技术人员可以通过系统实时查看本科的生产安排、不用等待电话通知或者是单据的传递，信息传递实现了实时，工作效率大大提高。技术资源管理系统还具备对外协单位进行业务申请、审核、结算并形成对外协单位的评价信息等功能，并通过 IC 卡管理子系统实现了对非编站点进行控制、按需收费，对外出设备入/出库进行跟踪管理，简化了盘库手续。

技术资源管理项目本质上是电视台的信息化项目，信息技术、网络技术是其技术支撑，究其核心，是在熟悉和充分了解电视节目制作流程和业务的基础上，通过科学的方法进行数据采集和整理，并以流程的方式对技术资源、财产、人员、权限进行合理管理，形成一体化管理模式。其目标是通过信息化管理对原有的流程进行优化，力求合理配置技术资源和人力资源，达到固态分布、动态调整的管理目标，并在此基础上推动技术资源精细化、体系化管理进程。

技术资源管理项目覆盖面广，涉及的技术部门包括制作部、转传部、技术设备管理部，自正式上线以来，运行情况良好，使全台技术资源管理更加清晰有序。

3.4.3 展望

就目前发展状况而言，电视台技术体系中发展水平相对较好的是基础设施层，从系统架构到设备配置，与先进行业差距有限；位于中间位置的是运行层，具有比较完备的一线运转及其管理能力，但尚未达到服务运营级别；相对来说差距较大的是管理层，缺乏体系化支撑，无论管控能力还是效率、效果都不很理想。由此可知，电视台信息化进程总体处于中等水平，需要面对和防范所谓“中等信息化发展水平陷阱”，即设施与运转、管理之间脱节、背离而引发的发展迟滞现象。

此外，在整体管控层面缺乏明晰的顶层设计和有力的指导机制，技术系统演进主要依靠项目特别是大型技改项目群来驱动。但是，项目规划代替不了顶层设计，在项目实际工作中又往往出现轻规划、重设计的情况，企图以实施阶段的深化设计过程替代招投标之前的需求规划环节，这样就使得规划与实施之间的鸿沟更加显著，使得本末倒置、零散杂乱成为发展态势中的负面。

还有，在建设和运转过程中缺乏资源、能力层面的工匠、协作、共享精神，凑合事、扎篱笆的现象屡见不鲜，导致技术资源利用不高、功能模块重复建设、经验水平难以累加递进。对此，急待理清管理脉络、选择管理重心、明晰管理策略，特别是推动工具研发、重视应用效果、建立反馈机制、形成管理闭环，运用 PDCA 过程确保管理水平的逐步提升。

因此，针对北京电视台安播、运营、资源、质量、规划、项目等管理脉络和主题，以涵盖战略、方针、环境、职责、绩效、过程的“体系化”总体思路，贯彻对“服务化”执行层的科学管理，顶层设计指导、工程项目驱动，以流程形式固化理念、让管理过程形成闭环，创建更多的管理工具和手段，用数据代替经验、用机制代替个人成为管理重心。在此基础上，逐步开展对技术治理的研究和应用，治理与管理过程有机结合，着重突出管控过程中的“体系化”原则，以“服务化”的策略执行与“体系化”的架构管控互相配合，支持“信息化”“融合化”进程的深入，平衡质量、成本、风险和效能。

3.5 系统运维

3.5.1 概述

北京电视台制播业务网络经历了近十年的建设，已具备相当的规模，传统的制播模式逐渐被网络化制播模式所取代。国内大多数省级及省会级、重要城市电视台已完成单一功能的制播业务网络建设，部分已经建成全台一体化制播业务网络。制播业务网络建设团队和运维团队的管理者、执行者需要在短时间内适应制播业务快速网络化、信息化的发展现状，在运维过程中常常遇到困惑或困难。近几年虽然有所改善，但系统化运维的经验和意识明显不足，通常不能满足要求。电视台制播业务网络所承载的制播业务不间断运行的需求，加大了制播业务网络运维的难度。运维模式的非专业化给安全播出带来安全隐患，甚至是灾难，近几年广电行业发生的重大安全播出事故，大多数跟运维服务管理不完善有关。

近年来，完成了大规模制播业务网络建设的电视台，已经意识到制播业务网络运维的重要性，总结自身实践运维经验，吸取金

融、电信行业的信息系统运维经验，借鉴国际国内通用信息系统运维服务管理最佳实践或标准，开始研究探索适合制播业务网络的运维服务管理模式。

基于《高标清全台网络化制播体系管理维护模式的研究与实践调研报告》成果，结合国内各电视台制播业务网络运维服务管理情况现状表明，大多数电视台信息系统运维服务管理部门对运维规范和标准认识水平不高，运维水平和运维目标不匹配，运维服务管理未实现标准化、规范化、流程化和工具化，总体处于被动运维状态，对目前存在的问题没有形成体系化解决思路，尚处于积极探索阶段。

近年国内电视台制播业务网络建设高速发展，电视台制播业务越来越依赖网络化制播系统，制播业务的信息化已不可逆转。制播业务网络与传统以单机为主，制播系统的最大区别在于，制播业务网络设备庞杂、关联性强、参数设置复杂，网络核心设备（数据库、存储、交换设备等）的故障很容易产生全局故障。传统制播系统对运维服务管理体系的体系化建设需求不明显，以信息系统为基础的网络化制播体系则需要按照自身运维特点和信息技术通用运维规范建设运维服务管理体系。国内各电视台在大规模系统建设完成后，所面临的运维服务管理困惑更说明了体系化建设的必要性。众多电视台已经从规章制度、人员技能、绩效考核、岗位设置等各个方面开始探索制播业务网络运维服务管理模式，这些探索基本来自于实际工作需要，所形成的运维服务管理方法大多来自于运维实践经验。一般情况每经历一次重大事故，就完善一次运维服务管理制度，提高一些运维技能，强化一次岗位职责，非常不成体系，对未知的故障和风险没有预警，对新的问题没有明确的处理方法和流程，导致国内电视台制播网大多处于被动运维状态。

综上所述，国内电视台制播网运维服务管理案例之间存在组织架构、系统规模、业务复杂度、发展阶段等巨大差异，需要参考成熟的信息技术运维服务标准和经验，结合制播网运维特点，形成一套适合于国内电视台制播网运维现状及发展要求的运维服务管理体系框架，完成基于运维目标的能力建设。

3.5.2 探索

2013 年北京电视台承担了国家新闻出版广电总局“高标清全台网络化制播体系管理维护模式的研究与实践”项目，以国家新闻出版广电总局科技司 2012 年科研项目《基于高标清全台网络化制播体系管理维护模式的研究与实践》的研究成果为基础，面向国内电视台制播网运维服务管理实际需求，基于信息技术服务标准 ITSS 设计出适合国内电视台制播网信息技术运维服务管理的体系框架，包含运维资源、运维管理、安全管理、运维对象和持续改进五个组成部分，并在运维服务管理体系框架基础上，总结出适配不同应用场景或同一场景不同发展阶段的五种运维服务管理模式（即运维成熟度层级模型）并给出相应层级特征。

ITSS 是一套体系化的信息技术服务标准库，全面规范了信息技术服务产品及其组成要素，用于指导实施标准化的信息技术服务，以保障其可信赖。ITSS 规定了信息技术服务的组成要素和生命周期，并对其进行标准化，其核心内容充分借鉴了质量管理原理和过程改进方法的精髓。在理论研究和自身评估基础上，北京电视台选择“以能力体系优化为导向的主动管理模式”为发展目标进行了全面尝试，包括完成运维服务目录整理，通过岗位调整从纵向贯通转为横向整合模式，形成了台方现场维护为主、专业服务厂商备件和维修服务为辅的设备维护模式，实行事件、问题、变更、配

置、知识库管理等电子化运维流程，建设运维管理工具平台，实现自信息技术设备至业务流程的全方位关联监控等。

如图 3-8 所示，电视台信息系统运维服务管理体系框架立足电视台运维服务管理领域的现状并着眼发展，基于信息技术服务标准和成熟度理念，以《广电行业安全播出管理规定》（广电总局 62 号令）作为总体业务目标和保障性要求，以具备行业特征的制播网运维服务管理体系为研究对象，多层次、立体化地规范了运维服务管理的基本内容和工作面，人员、资源、技术、过程是其四个要素。而成熟度层级则界定了实现的深度与细度。框架体系的核心要素为运维治理、目标管理、过程管理、操作管理、支撑管理和信息技术系统，成熟度层级的选择依据是规模和复杂度。规模代表运维对象及其管理所涉及的系统、业务和组织容量；复杂度代表运维对象及其管理所涉及的架构、技术和应用级别，以及发现、解决问题和技术研发的难度。

北京电视台据此组织实施了适配自身成熟度层级的运维变革，包括调整人员岗位设置、研发运维管理平台、应用运维任务流程、确立设备维保机制等。2015 年 1 月，北京电视台成为国内第一家通过国家信息技术服务运行维护标准符合性评估的甲方单位，如图 3-9 所示。2016 年 5 月，打破原有适配竖井式架构的制播网运维科室组织架构，通过横向拉通整合，采用服务台技术支持、业务应用运维、基础资源运维三层模式统一应对主干交换平台、生产制作型网络、共享服务型网络 20 余个子系统的运维需求，目前仍属于磨合阶段。

经过十年建设，国内电视台信息化建设已经具备相当规模，采、编、播、存、管等关键业务均已实现一定程度的信息化，并开始向以云化、数据化、智能化为特征的融合媒体时代迈进。伴随着信

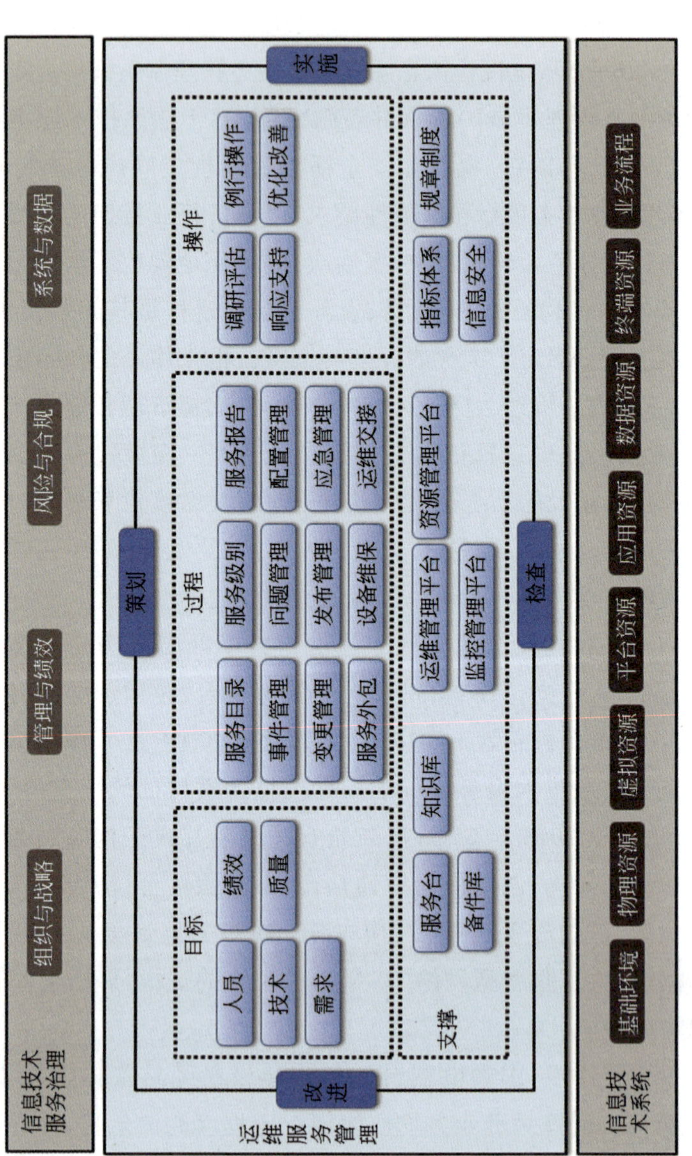

图 3-8 电视台信息系统运维服务管理体系框架示意图

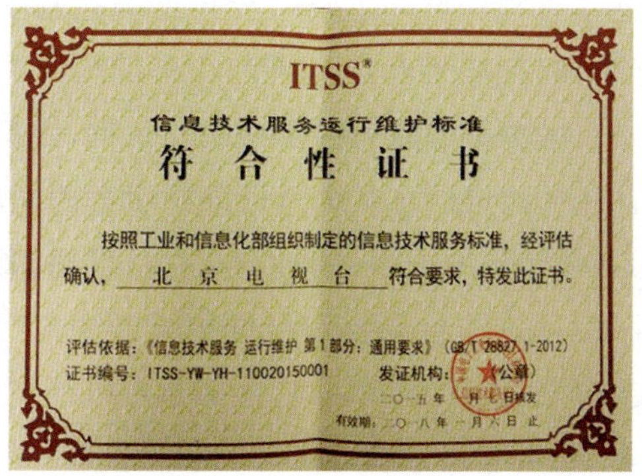
ITSS®

信息技术服务运行维护标准

符合性证书

按照工业和信息化部组织制定的信息技术服务标准，经评估确认，北京电视台符合要求，特发此证书。

评估依据：《信息技术服务 运行维护 第1部分：通用要求》（GB/T 28827.1-2012）

证书编号：ITSS-YW-YH-110020150001

发证机构：（公章）

二〇一五年一月七日颁发

有效期：二〇一八年一月六日止

图 3-9　北京电视台信息技术服务运行维护标准符合性评估成果

息化进程的深入，系统运维面临的压力增加、问题凸显。在运维模式演进过程中，逐步体现出服务化、体系化、标准化趋势。对于电视台运维能力建设目标，服务化从微观层面提供了任务转型途径和切入方法，体系化从宏观层面对运维及其管理领域进行了理论化、系统化的归纳和定义，标准化则是对服务化、体系化成果的概括、抽象和固化。

在此背景下，中国电影电视技术学会在 2015 年成立电视台运维标准化工作组，开始研究应对策略，开展了一系列信息系统运维标准化相关的研讨、宣贯、引进、培训、实施、编制、评估工作。2016 年，运维行标获得国家新闻出版广电总局科技司立项。2016 年 9 月，北京电视台依托前期研究成果基础，按照“服务化、体系化、标准化”的整体思路，进一步深入开展运维理论研究，编撰出版了《广播电视信息系统运维能力建设指南》一书并获得业内好评。2018 年 1 月，北京电视台作为牵头单位，圆满完成了总局科技司下达的《电视台信息系统运行维护服务通用要求（GY/T 317-2018）》编制任务，并作为行业标准正式颁布。该标准提出了电视台信息系统运行维护服务能力体系框架，对运维对象、组织环境及管理职责进行了阐述，从能力管理、操作和过程、支持保障的角度给出了通用要求和关键指标项，为电视台建立规范化的运行维护服务能力体系、持续改进巡行维护服务能力提供参考和依据，该标准规定了各电视台建立、保持和改进信息系统运行维护服务的通用要求，适用于电视台信息系统运行维护服务能力的建设、管理和评估，对电视台安全播出保障，推进信息系统运行维护服务规范化、体系化、标准化具有重要作用。2019 年 6 月，应中国电影电视技术学会要求，北京电视台作为牵头单位完成了《〈电视台信息系统运行维护服务通用要求〉熟度模型和评估细则》学会团体标准初稿编制工作。北京电视台计划于 2019 年年底完成 ITSS 通用要求和《电视台信息系统运行维护服务通用要求（GY/T 317-2018）》的再次评估认证工作。

《电视台信息系统运行维护服务通用要求（GY/T 317-2018）》提出，将信息技术服务系列标准核心内容，按电视台信息系统运维服务管理的要求和逻辑整合、重构为一个体系，纳入所有运维服务管理要素，包括组织环境、服务管理、操作、过程、支撑保障等。电视台信息系统运维服务能力体系框架如图 3-10 所示，包括组织环境和服务能力两个基本板块。

组织环境

组织环境板块明确了电视台信息系统运维服务能力体系的目标、原则、相关方，并界定了相关方职责。运维服务的宏观目标是保障安全生产、安全播出、网络安全；微观目标包括维持系统正常运转、提高运行效率，确保用户获取高质量、连续性服务，围绕操作、过程、支撑保障开展协同优化，持续改进运维能力。

运维服务能力建设应与电视台发展战略保持一致并兼顾利益相关方的诉求。核心理念和原则需要在电视台内进行宣贯，获得

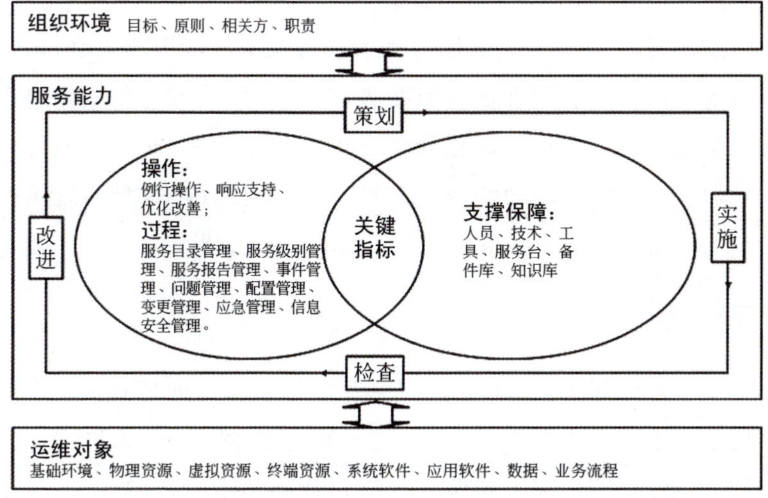

图 3-10　北京电视台信息技术服务运行维护标准符合性评估成果

员工普遍认同，通过检查保持体系的持续适宜性。利益相关方包括最高管理者、管理者代表、运维服务管理部门、运维服务实施主体、人力资源管理部门、计划财务部门、信息系统用户部门、外包服务提供商等。

服务能力

服务能力板块的各组成要素，通过关键指标反映其应具备的条件和能力。关键指标是运维服务能力要素的核心参数，应用于运维服务实施主体的能力评价。服务提供过程中，服务管理和实施部门通过策划、实施、检查和改进，实现服务能力的持续提升。

服务能力板块主要包括三类组成要素：一是操作类要素，主要反映服务活动的范围和交付的内容；二是过程类要素，主要包括各种服务管理流程；三是支撑保障类要素，主要是指支持服务活动和流程所需的各种资源。这三类要素共同组成了提供服务所需的能力，并通过 PDCA 循环进行持续改进，是运维服务能力体系框架的核心组成部分，作用于运维对象之上，接受组织环境引导和约束。

综上所述，电视台运维服务能力建设的必要性毋庸置疑，运维行标的颁布顺应了信息化发展要求，为持续推动信息化整体进程和运维服务能力提升提供指导性建议。我们相信，通过运维行标的应用推广和服务能力的持续改进，国内电视行业信息系统运行维护工作将逐步走上服务化、体系化和标准化之路。

3.5.3 展望

系统运维既涉及执行层面又包括管理层面。前期对于运维体系框架和服务成熟度的研究，已经指明了该领域“服务化”“体系化”的发展途径，其中既要做好策略执行层面服务化的转型，又要做好管理层面体系化的控制。

目前，信息系统运维的探索仍处于初级阶段，服务台、资源层运维、应用层运维的三层架构是否适配北京电视台实际应用场景，有无进一步精简以提升运转效率、降低层间消耗的可能？维保资源池的作用仅限于设备级维修，能否继续深入以“服务外包＋质量管控”的方式打造基础资源层运维的模型？此外，运维对象和模式都处于发展之中，如何妥当应对开发运维一体化的需求、在系统平台化场景下保障敏捷开发和应用的效果？如何在信息系统规划和建设阶段，寻求对于系统上线运行后轻运维思路以及智能化运维方式的支持？如何充分利用运维数据来感知、判明局面，预先发现潜在问题？如何通过运维本身性质由支持、保障为主向创新、驱动过渡，从而支持技术体系的宏观转型？这些都还需要不断尝试。

从运维服务管理成熟度模型可以看出，北京电视台目前仍处于从第二级“稳定拓展”向第三级“体系协同”演进的过程中，策略执行层的“服务化”和架构管控层的“体系化”进程尚未取得实质性

的突破。因此，理论如何更好地联系并指导实际，面临严峻考验。如何贯彻“信息化”原则，以“服务化”“体系化”方式的运维驱动“融合化”业务，需要智慧与毅力兼具。

3.6 网络安全

3.6.1 概述

信息技术广泛应用和网络空间兴起发展，极大促进了经济社会繁荣进步，同时也带来了新的安全风险和挑战。2014 年 2 月，习近平总书记在主持召开中央网络安全和信息化领导小组第一次会议时指出，没有网络安全就没有国家安全，没有信息化就没有现代化。网络安全和信息化是一体之两翼、驱动之双轮，必须统一谋划、统一部署、统一推进、统一实施。2015 年 6 月，为实施国家安全战略、加快网络空间安全高层次人才培养，国务院学位委员会、教育部决定在“工学”门类下增设“网络空间安全”一级学科。2015 年 9 月，中国互联网安全大会提出了网络安全新法则，称看见是安全的一个重要能力，未来安全将是攻防看见能力的争夺，而决定看见能力的基础是数据。2016 年 3 月，全球规模最大、最具影响力的安全产业年度盛会 RSA 2016 以 Connect to Protect 为主题在旧金山召开。与会专家在演讲中谈到“防火墙和沙箱等防御技术并没有起到作用，安全防御是个失败的战略”。国内安全专家则表示“传统的安全防御手段很难应对这些全新的安全挑战，未来基于大数据的安全分析和威胁情报将成为网络安全行业的主流”。

2018 年 3 月，中共中央印发了《深化党和国家机构改革方案》，将中央网络安全和信息化领导小组改为中国共产党中央网络安全和信息化委员会。2019 年 6 月，全国网络安全和信息化工作会议在京召开，中共中央总书记、国家主席、中央军委主席、中央网络安全和信息化委员会主任习近平出席会议并发表重要讲话。从明确提出“没有网络安全就没有国家安全”，到突出强调“树立正确的网络安全观”，再到明确要求“全面贯彻落实总体国家安全观”，党的十八大以来，以习近平同志为核心的党中央高度重视国家网络安全工作，网络安全法制定实施，网络安全保障能力建设得到加强，国家网络安全屏障进一步巩固。同时也要清醒地看到，当前，世界范围的网络安全威胁和风险日益突出，重大网络安全事件时有发生，具有很大破坏性和杀伤力；我国网络安全保障体系还不完善，不断加剧的网络安全风险和防护能力不足的矛盾日益凸显。形势和任务要求我们，必须进一步筑牢国家网络安全屏障，为经济社会发展和人民群众福祉提供安全保障。

当前电视台网络安全领域，需求强烈与能力不足的矛盾十分突出。近年来技术体系的信息化进程呈现明显加速趋势，台内关键业务如节目制播、办公管理、新媒体应用等几乎完全依赖于信息系统的正常运转。2016 年 3 月国家新闻出版广电总局发布《电视台融合媒体平台建设技术白皮书》，预示着电视台技术系统将从全台业务网向基于云计算、大数据的融合媒体平台过渡。在此背景下，网络安全已经被提升到与传统播出安全同等重要的地位，成为历次重大活动安全保障的首要目标。与此同时，网络安全保障手段匮乏、安全态势不容乐观。在安全管理方面，组织架构浮于形式且缺乏技术手段支持，与信息系统和安全态势发展背离严重；在安全建设方面，只能单纯以达到等保符合性评估标准为目标，成本高企、冲突频繁、成效不明导致措施执行难以真正到位；在安全运维方面，与系统运维相比尚不具备独立运作条件，且与管理、建设脱

节，对安全措施丧失控制能力。

由此可知，电视台网络安全工作处于一种非常尴尬的态势：一方面宏观重视程度大幅提升，检查、加固此起彼伏；另一方面资源投入依据模糊、保障效果难以跟踪评估，全局推进缺乏理论和方法支撑。长此以往，平时安全管理体系化程度弱、安全态势难以及时掌控，遇到重保期只能仓促上马临时性措施，以拔线、断网、停止服务为最终应对手段。

在内部能力不足、外部形势严峻的形势下，虽然相对于将基本服务完全构建于互联网开放平台之上的电子商务等行业而言，电视台网络安全的总体态势尚未达到恶化程度，但潜在危机已经形成。2014 年 8 月发生的温州有线网络非法插播事件就是一起安全运维事故，暴露出安全管理和措施执行两个层面的漏洞。近年来随着技术系统信息化程度的日渐提高和新旧媒体融合、“互联网 + 电视”服务的迅速拓展，业务对于信息技术系统的需求和依赖程度空前高涨，电视台网络安全工作的全面改善迫在眉睫。针对该需求，从思考入手、以尝试为径，探索有益于系统化推进的观点和方法，并通过理论与实践的有机结合不断改进，最终创建电视台技术体系可信赖的网络安全运行环境，成为技术管理层面临的课题。

3.6.2　探索

在北京电视台的探索中，采用了理论研究、系统建设、运维作业三位一体的推进模式。其中理论研究寻求问题的本质规律和解决原则，系统建设关注应用场景下的技术实现方法，运维作业则通过任务规划及其执行过程满足实际保障需要。实践过程中，三者之间存在互为驱动和支撑的协同关系：理论研究吸纳运维作业和系统建设中遇到的典型性问题，形成理念、原则、需求和模型，反过来驱动系统建设、指导运维作业；系统建设将研究成果转化为解决方案，通过部署实施创造系统环境，为运维作业提供技术支撑，并在运转过程中逐步完善；运维作业针对系统环境、运用支撑工具，以服务方式贯彻工作理念、保障需求目标，在任务执行过程中发现并提出问题，从而引发进一步研究。三者自身不断改进，并通过协同发展连线成面。理论联系实际，需求驱动改造，循环往复不断提升工作水平。

1. 网络安全监测研究

项目概况

“省级以上电视台网络安全监测需求研究”是2015—2016年度北京电视台承担的总局科研项目，其主要任务是通过研究电视台与网络安全相关的技术、业务和管理体系状况，梳理归纳出网络安全监测需求，并据此提出模型设计方案。该项目研究成果成为本台实际工作的重要指导和依据。

研究成果

文档以电视台信息系统及其承载业务特征开篇，依据网络安全管理态势进行风险分析，从需求角度得出工作目标，即以网络安全管理为中心，通过等级保护和安全监测两个维度，实现“从安全态势难以掌握到可视化感知；从被动防御到主动对抗；从注重局部措施落实到聚焦全面成效获取”三个方面的转变。根据该目标，对系统实现模型进行概要设计，通过组织、行业两级监测平台建设和运行，动态获取和展现网络安全态势和风险威胁，实现事件预警和风险防范，提升电视台自身网络安全管理水平并构建广电行业网络安全监测能力。

上述监测体系架构如图3-11所示。在组织管理层面，电视

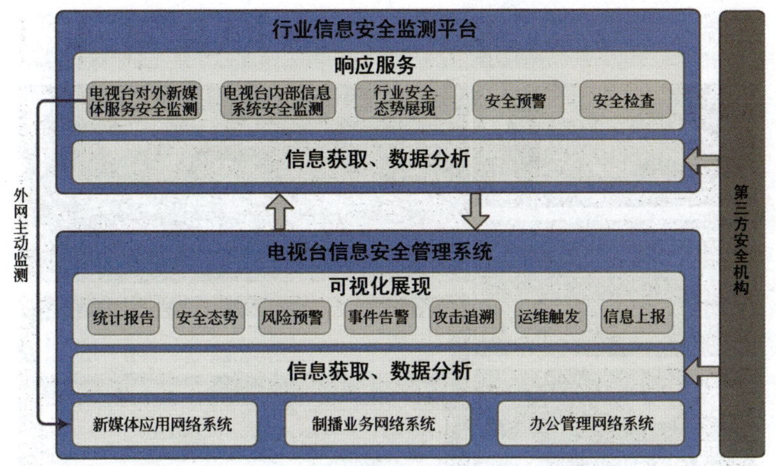

图 3-11 行业、组织两级网络安全监测体系架构示意图

台作为网络安全的责任主体，建设网络安全管理系统，以信息系统安全相关数据的采集、处理、分析、反馈能力为后台支撑要素，通过感知、评估、呈现、处置过程来实现态势获取、风险预警、事件告警、攻击追溯、运维协同、统计分析等前端应用功能。其中安全态势获取是功能实现的重心，采用视图方式呈现与网络安全相关的等保合规、资产管理、设备运转、措施执行、应用状态、系统漏洞、威胁情报、配置基线、态势评估情况，效果如图 3-12 所示。视图设计基于管理者视角，客观反映了电视台应用场景下注重网络安全运行环境保障的特征，与其他基于操作者界面的应用功能一起为安全运维和管理提供支持。同时，在行业监管层面构建网络安全监测平台，通过电视台、互联网等多种安全数据信息来源的获取和展现，实现行业级的安全态势呈现、风险预警并以响应服务方式反馈至各电视台，从而提升全行业的网络安全风险应对能力。

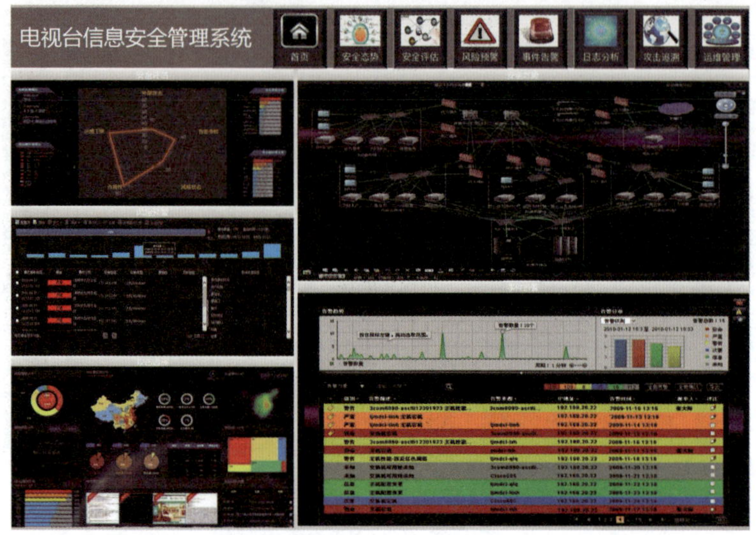

图 3-12　电视台网络安全管理系统界面实现效果示意图

2. 云平台网络安全建设

项目概况

“云安全建设”是 2015—2016 年度北京电视台智慧媒体技术改造项目群中的一个子项，目标是为支持传统媒体节目制播和新媒体应用的台内私有云平台提供网络安全运行环境。原有竖井式架构的应用系统转型后，面临着网络安全措施部署方式、设备实现形态与“平台 + 应用”式架构的适配。此外，新系统架构下还需解决技术复杂性问题，例如云安全管理平台需与三种虚拟化软件、两种虚拟化管理系统、一种 SDN 控制器之间实现调用接口，组织协调、定制开发、联合调试工作难度不小。

技术关键点

云平台以虚拟化技术为基础，计算、存储、网络设备通过池化方式实现资源高效利用和业务灵活适配。计算和网络资源虚拟化后，应用系统边界变得模糊。本项目重点需要解决虚拟机之间东西向流量的防护和检测问题，原理如下：通过云安管平台下发策略给 SDN 控制器，形成流表、服务链后再下发给交换设备，在虚拟机东西向流量中插入串行防护措施。同时，在刀片物理机上部署业务虚拟机的同时部署安全虚拟机，通过位于业务虚拟机上的虚拟交换机进行流量镜像，对全部网络流量进行旁路监测。

如图 3-13 所示，计算资源的南北向流量依然通过部署于传统网络边界处的串行安全设备组进行防护，东西向流量则被导流至串行安全资源池实现防护。同时，镜像全流量经安全虚拟机进行选择、过滤、引流，自虚拟机至旁路安全设备组完成检测分析，如图 3-14 所示。

如此，虚拟机之间的流量得到有效控制，发生漂移时云安管平台也将通过云管理平台感知并进行安全策略、流表和服务链的更新，避免发生逃逸现象。当然，上述仅是云平台下安全解决方案的一种形式，应用效果有待于系统运行过程中的检验和完善，方案本身在网络功能虚拟化 NFV 技术应用深入、安全资源全局高效利用等方面也存在改进空间。

3. 网络安全运维服务购置

项目概况

“安全运维服务”项目是北京电视台年度常规系统运维服务的一个子项，通过将以往零散分布于各业务区域的安全运维服务整合而成，采用服务外包方式，由台内网络安全管理小组和台外专业服务商协作执行，目的是为本台整个信息技术体系提供网络安全保障。2016 年是该项目整合后的第一个服务周期，建立协同机制、完成任务作业、实现质量管控成为首要目标。

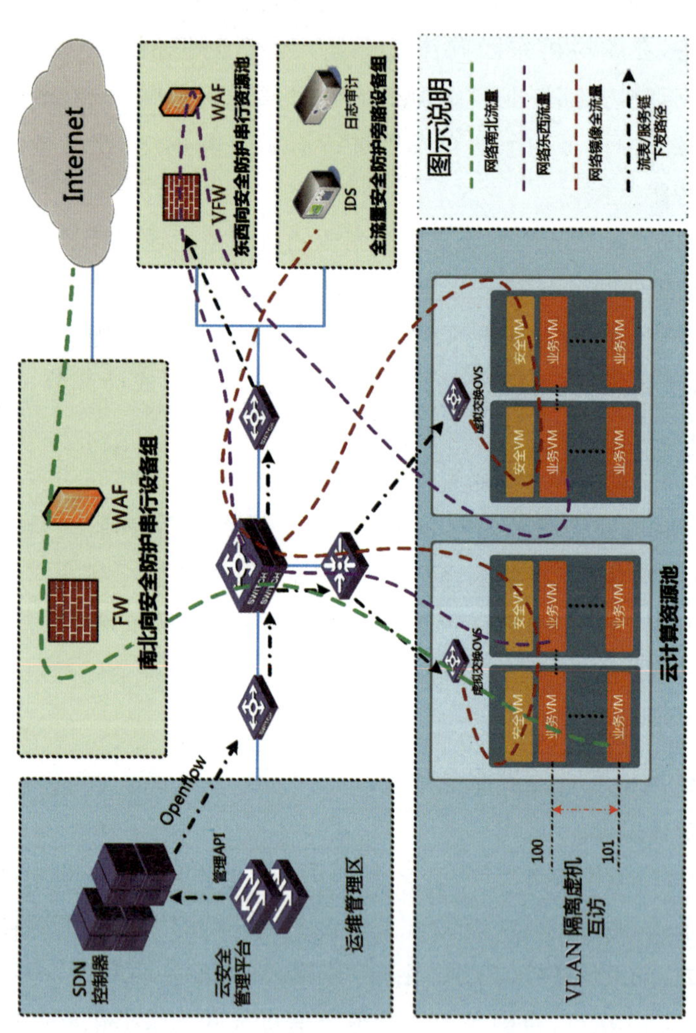

图 3-13 北京电视台智慧媒体项目云平台虚拟机环境网络流量引导检测

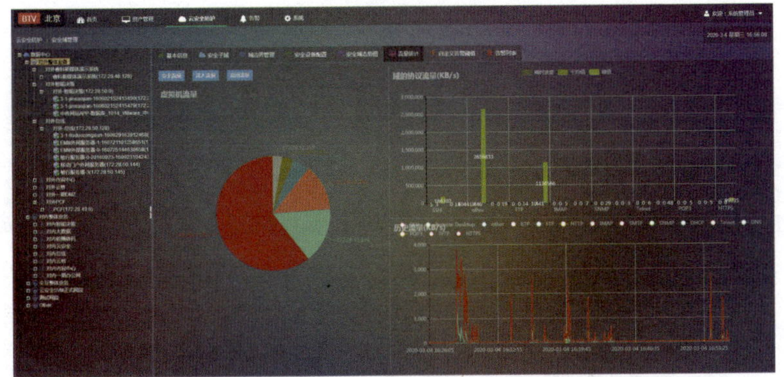

图 3-14 北京电视台智慧媒体项目云平台虚拟机环境网络事件分析界面

工作成效

对电视台网络安全工作而言，与电信、金融领域相比，信息技术系统的规模也许不是很大，但需求目标高且业务复杂显著。节目生产、办公管理、新媒体应用三个系统群独立运行、分工合作，构成北京电视台技术体系的核心部分。依据承载业务和运行特征、基于等级保护要求部署了多样性的安防设备和措施，如图 3-15 所示。要让这些设备和措施高效运转，并结合常规时间以及重保期要求进行针对性的整改和加固，只有在系统运维过程中提升任务策划、安排和监督、改进的水准。对此，运维任务的服务化转型是关键途径。

如图 3-16 所示，安全运维服务大致分为四类，即定期巡检、措施加固、响应支持、总结通告。通过服务化转型，将无标准的任务变为有规则的服务，寻求安全战略统一制定、安全规则全局掌控、安全措施全面执行、安全效果一致监督的效果。在服务化转型中，服务质量的控制方法和手段、台方与服务商之间的协同合作模式都是重点关注对象，服务的整合范围和运转力度也需要一两个周期的磨合过程。

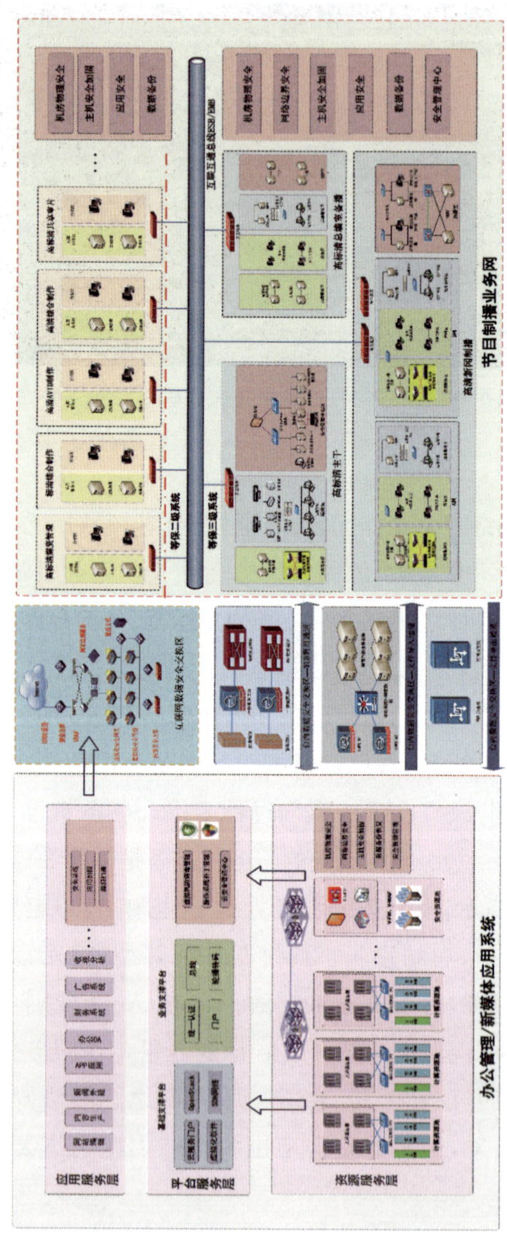

图 3-15　北京电视台网络安全防护措施部署全景示意图

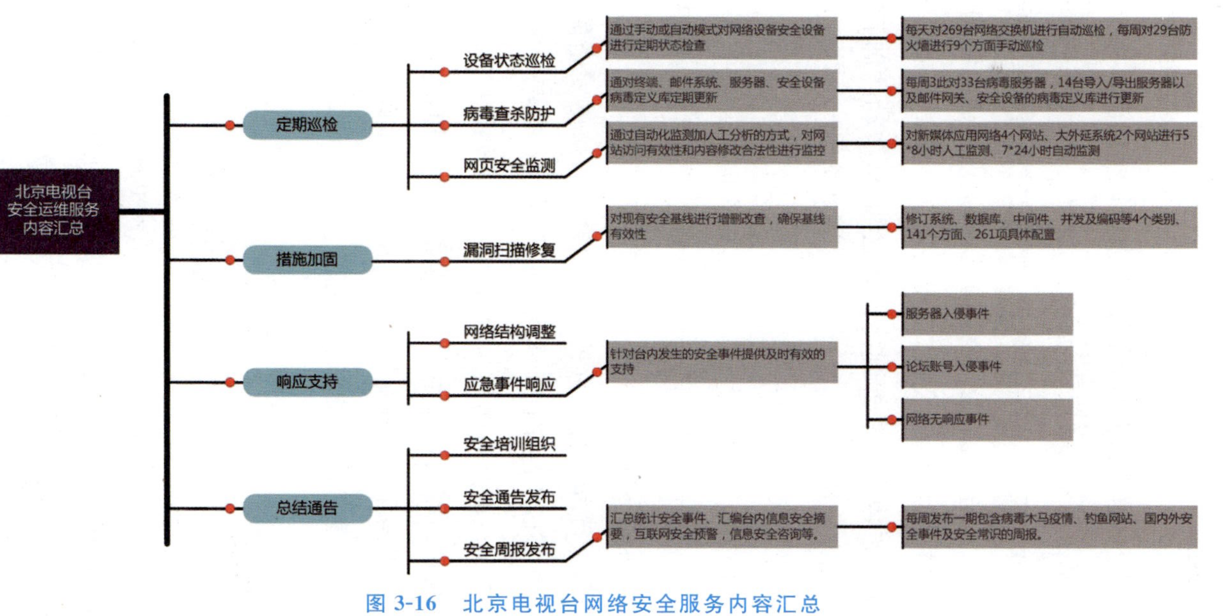

图 3-16　北京电视台网络安全服务内容汇总

3.6.3 展望

网络安全同样既涉及执行层面又包括管理层面。关于安全运行维护，未来在规划层面应该与系统运维统一考虑，在执行层面则强调协同作战。关于安防系统建设，则需要措施与效果并重。

前期对于安全监测系统建设的研究，提出媒体组织网络安全今后发展思路是以数据为支撑，从网络安全等保和监测两个维度，实现“从安全态势难以掌握到可视化感知、从被动防御到主动对抗、从注重局部措施落实到聚焦全面成效获取”三个方面的转变。通过网络安全监测系统的建设和运行，实现针对安全措施、事件、态势进行跟踪、评估的能力；通过网络安全防控和监测能力的协同，推动电视台网络安全保障特别是事件处置水平的持续提升。

由此可见，“服务化”“体系化”同样是推进北京电视台网络安全保障工作执行和管控层面的重要方针。从网络安全的理念角度，也需要按照国家战略逐步向网络安全转变。数据洞悉安全，今后决定安防命运的是攻防两端的看见能力，“数据化”“智能化”将成为在未来复杂网络环境下安全保障的核心支撑，特别需要着力推动北京电视台在安防措施与效果之间建立有机联系，在动态、协同场景下实现适度、有效的网络安全。

3.7 小结

北京电视台实践案例折射了十余年来电视台信息技术体系的发展过程。在案例研究过程中，我们委托行业权威机构——国家新闻出版广电总局广播电视规划院作为第三方，以数据统计的方法对信息技术体系的演进路线进行了梳理分析，并汇总形成了检测评估报告。同时，也参考引用了近年来我们自己在技术发展规划、运维服务管理、网络安全监测的研究成果。通过对电视台信息技术体系建设进程、现状特点和发展方向的阐述，可以得出以下结论：

制播业务、办公管理、新媒体应用三类系统曾以相对独立的路线各自演进并逐步成熟，在演进过程中通过交互不断整合，新技术、新产品、新解决方案层出不穷，初期以电视技术和信息通信技术为代表，目前以云计算、大数据为热点，未来则以学习、感知、智能处理为趋势，5G + 4K/8K + AI 将成为一段时间内的技术热点。同时，技术维度的独立性随着一体化融合发展不断削弱，在强调技术为组织战略、业务需求服务的基础上，管理、运维、安全等任务维度同样值得关注。从信息系统生命周期角度看，建设阶段的基础技术、系统架构与运维阶段的体系框架、服务成熟度一起成为技术体系的关键要素。因此，通过技术、业务、管理、运维、安全这五个任务维度的协调演进，共同推动电视台信息技术体系未来的蓬勃发展，是必经之路。

综合审视发展途径，除了上述任务维度之外，还存在方向问题。综上所述，支撑信息化、拓展融合化、策略服务化、架构体系化、核心数据化、全局智能化，正是对电视台信息技术体系发展方向的最佳阐释。以“信息化”“融合化”为基本目标，前者侧重基础技术，后者偏向业务应用，是一体之两面。同时，将“服务化”“体系化”“数据化”“智能化”作为推进抓手。以“服务化”推动微观策略层面使之规范，以“体系化”推动宏观架构层面使之系统，以“数据化”作为内在驱动核心，以“智能化”适配互联网趋势。如此，也许可以在技术体系转型的同时，为行业和组织战略的实现奠定坚实基础。

附录 A

《北京电视台信息技术系统检测评估报告》

国家新闻出版广电总局广播电视规划院

201910

2007 年作为新址的北京电视台新大楼主体工程完工，随即台里在新址启动了大规模的制播技术系统建设。几乎所有的技术系统在建设完成后，都经过技术验收测试关。技术验收测试不仅确保了系统建设质量，规范了工程建设管理，成百上千份技术检测报告还成为了佐证北京电视台信息技术体系建设发展历程的宝贵材料。

经不完全统计，从 2008 年至 2020 年，完成技术验收测试的北京电视台技术系统，按大项目划分有新址标清系统建设项目、高标清同播临时系统项目、高清化改造建设项目（一期）、高清化改造建设项目（二期）、智慧媒体服务项目、融合新闻业务系统建设项目、融合媒体生产云平台项目（一期），按小系统划分且有技术检测报告的有 200 多个，其中，经过甄别的、含有与信息技术系统建设相关内容的技术系统及报告有 79 个。

为了更好地理解技术检测报告相关技术指标对北京电视台信息技术系统建设发展的支撑作用，本评估报告拟定了评估指标，力图从基础技术、业务应用特征、网络安全防护措施、技术管理和系统运维方面佐证北京电视台的发展轨迹。

本评估报告由评估指标、数据收集规则、评估对象、数据收集情况与分析评估组成，最后是评估结论。

一、评估指标

对电视台来说，信息技术系统的发展主要体现在基础技术进步、业务应用发展、信息网络安全防护技术演进、技术管理思路及方法的发展，以及系统运维思路及方法的发展几个方面。

基础技术的发展主要体现在关键技术的应用、电视台技术体系架构和数据治理方面，例如视频编码、电视节目清晰度、显示技术、虚拟演播室、VR/AR 技术、云计算、微服务、大数据、5G 通信技术、高可用技术、自动化、人工智能、网络安全态势感知、数据可视化等高精尖技术的应用。

业务应用发展依赖于基础技术的进步，体现在节目生产的形式和能力上。节目生产方式的主要特征及发展过程表现为单机制作、岛式制作、全台网制播、融合媒体生产。节目生产能力的主要特征及发展过程表现为标清数字电视节目生产、高清数字电视节目生产和 4K 超高清数字电视节目生产。节目生产形态的主要特征表现为电视制作、新媒体制作和融合媒体制作。

信息网络安全防护技术的发展主要体现在网络防护的技术发展过程上，表现为以防病毒为主要目的的单机安全防护，以防病毒和防非授权访问控制为主要目的的生产岛安全防护，以防病毒、防非授权访问、防非法入侵、防 DoS 攻击为主要目的全台网生产系统安全防护，以及除上述被动防护目的之外的、融入主动安全态势感知防护的生产系统安全防护。

技术管理思路及方法的发展评估则主要以管理思路及过程的标准化、流程化、合理决策的程度等形式体现。

系统运维思路及方法的发展评估主要从理论研究、应用实践两个角度，以服务化、体系化推进水平以及运维能力成熟度作为评估尺度。

二、 数据收集规则

在200多份技术检测报告中，有相当一部分是纯粹的非IT类的传统音视频、演播室灯光、摄录摄像、声学等不含信息技术系统相关内容的，经甄选，已从分析对象中剔除。余下的多为综合类检测报告，既包含信息技术检测项目，又包含非信息技术检测项目，在评估过程中，仅提取与信息技术相关的检测结果或结论。

在遴选出的技术检测报告中，提取以下信息：

基础技术应用与发展信息包括：

- 关键技术。
- 基础架构。
- 数据治理。

业务应用发展信息包括：

- 节目生产方式。
- 节目生产能力。
- 节目生产形态。

网络安全防护技术特征信息包括：

- 技术管理发展信息。
- 系统运维发展信息。

为了降低数据表达和分析难度，提高可读性，评估过程中，涉及数据的，如技术检测报告有多个相同属性的检测结果，则取中位数作为技术报告的检测值，如同一份报告出现多种规格信息的，取性能高或者技术先进的结果作为技术报告的检测值。

三、评估对象

按时间对技术检测报告进行分类归纳，自2007年以来，建成并完成检测的大项目有7个，如表A-1所示，这些是具有代表性的大型项目，每个项目又由数个或数十个不等的小项目或系统组成。

表A-1 具有代表性的大型项目

序号	项目名称	启动年度	编号
1	新址标清系统建设项目	2007	Ⅰ
2	高标清同播临时系统项目	2009	Ⅱ
3	高清化改造建设项目(一期)	2010	Ⅲ
4	高清化改造建设项目(二期)	2012	Ⅳ
5	智慧媒体服务项目	2015	Ⅴ
6	融合新闻业务系统建设项目	2017	Ⅵ
7	融合媒体生产云平台项目(一期)	2018	Ⅶ

1. 新址标清系统建设项目

2007年，北京电视台在新址启动大规模的数字化网络制播系统建设，技术体系主要为全台网结构的标清制播系统，技术系统如表A-2所示。

表A-2 新址标清系统建设项目清单

序号	系统名称	系统功能简介	技术检测报告中包含的信息技术相关内容
1	北京电视台新址总编室、广告编播网络系统	该系统包括节目编排、节目备播、传统磁带管理三个部分，主要完成16个频道的节目串联单、播出串联单编排、发布和节目送播，并可结合媒体资产管理系统完成对节目内容的管理	标清视频指标 系统软件功能

续表

序号	系统名称	系统功能简介	技术检测报告中包含的信息技术相关内容
2	北京电视台新址主干平台网络系统	该系统是基础平台，承载着节目制作和播出业务	主干平台网络系统的以太网传输性能和健康状况、网络布线性能、流程效率 主干平台网络系统核心节点/服务的冗余备份功能、网络信息安全防护功能 主干平台网络系统 MSB 服务、MPC 流程、系统监控功能
3	北京电视台全台制播网络系统	该系统采用 SOA 面向服务架构的软件实现，由主干业务平台、应用业务系统两大部分组成	主干平台网络系统，包括主干平台网络系统的以太网传输性能和健康状况、网络布线性能、流程效率、核心节点/服务的冗余备份功能、网络信息安全防护功能、MSB 服务和 MPC 流程及系统监控功能 总编室和广告编播网络系统功能 新闻制播网络系统功能 体育节目制播网络系统功能 演播共享网络系统功能 媒体资产管理系统的存储性能 新闻资料网络存储性能 历史资料网络存储性能 媒体资产管理系统功能

续表

序号	系统名称	系统功能简介	技术检测报告中包含的信息技术相关内容
4	北京电视台新址包装系统	该系统由基于B/S模式的包装内部生产流程管理、节目制作、内部媒资管理等模块组成。通过全台网络平台，采用数据化、网络化的工作模式完成高、标清节目的包装制作业务，并且具有对内部包装资料的编目管理和检索调用等功能	音视频通道特性 软件功能和流程验证
5	北京电视台新址体育节目制播网络系统	该系统采用FC＋以太网方式架构，由精编/上传下载工作站、粗编工作站、配音工作站、审片工作站、存储服务器、设备共享服务器、MOS网关服务器、数据库服务器、应用服务器、收录服务器、监控/防病毒服务器等设备组成	音视频通道特性 软件功能
6	北京电视台新址新闻节目制播网络系统	该系统由50套精编/上传下载工作站、50套粗编/文稿工作站、5个配音工作站、10个审片工作站、存储服务器、设备共享服务器、MOS网关服务器、数据库服务器、应用服务器、系统管理/防病毒服务器、迁移服务器、合成服务器等设备组成	音视频通道特性 软件功能

续表

序号	系统名称	系统功能简介	技术检测报告中包含的信息技术相关内容
7	北京电视台新址演播共享网络系统	该系统由综合楼共享网和演播中心共享网组成，其中，综合楼共享网由4个$100m^2$演播室、存储服务器、数据库服务器、迁移服务器、5个快速编辑工作站、录放服务器、监控/防病毒服务器等设备组成，演播中心共享网由4个演播中心大演播室、5个快速编辑工作站、存储服务器、数据库服务器、迁移服务器、视频服务器、录放服务器、监控/防病毒服务器等设备组成	核心网络存储性能 系统功能
8	北京电视台新址媒体资产管理系统	该系统提供素材挑选、入库审核、编目任务编排、分层编目、编目审核、媒资检索、素材申请、任务监控管理、存储管理等媒资应用功能，其典型业务流程包括非线性编辑系统的素材进入媒资库、非线性编辑系统中产生的节目进入媒资库、素材挑选入媒资库、媒资库素材经申请审批调用、媒资编目流程等	网络存储性能 流程和软件功能
9	北京电视台新址收录系统	该系统由存储服务器、数据库服务器、防病毒服务器、应用服务器、收录服务器等设备组成。系统采用FC＋以太网方式架构，将收录服务器收录的信号存储至存储服务器	标清视频指标检测 流程和软件功能

2. 高标清同播临时系统项目

2009年,高清制播技术进入实质性应用阶段,北京电视台在标清系统的基础上,启动高标清同播系统建设,自此北京电视台迈入高清发展快车道,技术系统如表A-3所示。

表A-3 高标清同播临时系统项目清单

序号	系统名称	系统功能简介	技术检测报告中包含的信息技术相关内容
1	北京电视台高标清同播临时系统非新闻高清非编单机采购项目验收	该项目共采购10台节目编辑工作站和2套移动非编工作站	高清数字视频特性 标清数字视频特性 功能检查 设备配置核查
2	北京电视台高标清同播临时系统播出系统改造项目	该系统改造项目保持高清播出系统主备输出结构不变,增加新闻演播室直通信号及CCTV1直通信号等信号源,通过对软件策略的调整和修改,增加播出网络系统与总编室节目单的数据传输接口链路	高清数字视频特性 系统软件功能 设备配置核查
3	北京电视台高标清同播临时系统新闻包装高清改造项目	该项目共采购9套高清包装合成工作站、2套高清包装合成剪辑工作站和一台视频矩阵,用于北京电视台新闻节目中心各档新闻节目的整体宣传、包装改版、特别专题宣传包装、大型直播宣传包装及前期策划、在线包装制作等	高清数字视频特性 标清数字视频特性 功能检查 设备配置核查

续表

序号	系统名称	系统功能简介	技术检测报告中包含的信息技术相关内容
4	北京电视台高标清同播临时系统新闻高清非编单机招标项目	该项目共采购 10 台非线性编辑工作站单机，用于北京电视台高清卫视频道中各档新闻节目的制作	高清数字视频特性 标清数字视频特性 功能检查 设备配置核查

3. 高清化改造建设项目(一期)

2010 年，北京电视台启动高清化改造建设项目一期工程，进入大规模的高清化改造建设阶段，技术系统如表 A-4 所示。

表 A-4　高清化改造建设项目(一期)清单

序号	系统名称	系统功能简介	技术检测报告中包含的信息技术相关内容
1	北京电视台收录系统改扩建项目	该项目按照北京电视台制播一体化网络架构体系的要求，对标清收录系统进行综合改造，能够满足高清信号收录、素材迁移、素材发布	系统软件功能和业务流程 设备配置核查
2	北京电视台新闻高清非编单机	高清非编单机采购	软件功能 设备配置核查
3	北京电视台包装网改扩建项目	该项目对现有包装合成网进行高清化改造，使之兼容高、标清素材，增加与全台高清制播体系的接口，同时对系统的内部结构和外部接口进行加固和完善，使其具备同时为高、标清节目制播体系提供共享服务的能力	网络存储读写性能 系统软件功能和业务流程 设备配置核查

续表

序号	系统名称	系统功能简介	技术检测报告中包含的信息技术相关内容
4	北京电视台标清制作网高清改扩建项目	该项目在原系统的基础上，增加在线存储阵列、合成服务器、调度服务器、应用服务器、高清编辑站点等设备，并升级了相关软件	系统功能 存储系统性能 节目合成效率 设备配置检查
5	北京电视台高清网改扩建项目	该项目是全台高清节目制播体系下一个独立的节目制作子系统，主要为台内高清频道提供高清节目后期制作	系统软件功能和业务流程核查 设备配置核查
6	北京电视台共享审片配音、数据安全交换项目(一包)	该系统为全台高清/标清制作网络提供审片和配音服务	网络存储读写性能测试 系统软件功能和业务流程 设备配置核查
7	北京电视台主干平台改扩建项目	该系统提供互联互通、业务数据交换、统一管理的业务支撑平台	系统软件功能 转码性能 迁移性能 封装格式转换性能 设备配置核查 以太网链路性能
8	北京电视台总编室广告编播系统改扩建项目	该改扩建项目包括节目单编排、节目备播、节目及广告上传、备播库管理四个部分	网络存储读写性能 系统软件功能和业务流程 设备配置核查
9	北京电视台媒资系统改扩建项目	该系统由后台服务及存储模块、节目单编排模块、节目备播管理模块、节目处理模块、节目送播模块、监控展示模块和网络管理模块等组成，满足台内素材、节目资料的管理、储存、共享要求	存储系统性能 系统软件功能和业务流程 设备配置核查

4. 高清化改造建设项目(二期)

2012年,北京电视台高清化改造二期工程启动,高清化改造工作持续深入,技术系统如表A-5所示。

表A-5　高清化改造建设项目(二期)清单

序号	系统名称	系统功能简介	技术检测报告中包含的信息技术相关内容
1	新建高清综合制作网	该系统是北京电视台全台高清节目制播体系下的一个独立的节目制作子系统,主要为台内高清频道提供高清节目后期制作,实现与高清主干基础网络与业务支撑平台的应用接入	功能检测 网络存储系统性能检测和配置检查 以太网健康状况和以太网传输性能 合成效率检测
2	高清节目制播网络系统新闻制播网改造项目	该系统由非编工作站、交换机、存储阵列、转码服务器、合成服务器、迁移服务器、数据库服务器等组成	功能和流程 网络存储系统性能 以太网健康状况和传输性能 应用服务性能
3	高清节目制播网络系统新闻制播网改造第2包新闻外延项目	该系统是面向公众用户的多媒体信息报料平台,能够提供GSM/GPRS、3G、Internet以及其他第三方网络途径实现报料和公众新闻汇聚,包含新闻报料系统、远程文稿系统、远程编辑系统、新闻舆情系统接口等内容	系统功能 转码性能
4	高清节目制播网络系统制播网高清适配改造项目03包——深度编辑网改造项目	该系统是北京电视台全台高清节目制播体系下的一个独立的节目制作子系统,主要为台内高清频道提供高清节目后期制作,实现与高清主干基础网络与业务支撑平台的应用接入	功能检测 网络存储系统性能 以太网健康状况和以太网传输性能 合成效率 冗余可靠性验证及安全性检查

续表

序号	系统名称	系统功能简介	技术检测报告中包含的信息技术相关内容
5	高清节目制播网络系统制播网高清适配改造项目 04 包——自动唱词公共服务	该系统为北京电视台全台提供统一的自动唱词公共服务	系统功能 单任务处理效率 多任务处理效率 音文同步准确率
6	高清节目制播网络系统高标清主干平台改造项目	该项目对制播网主干平台系统进行扩容改造，将现有标清主干平台和高清主干平台融合成一个支持高、标清制播业务的主干平台	软件功能 迁移转码性能 以太网健康状况 以太网传输性能
7	综合性生产业务支撑平台项目	该系统是建设在办公网与生产网之间的一个综合性的安全交换平台，结构可分为基础层（支撑体系）、平台层（框架体系）、适配层、服务层（功能体系）、通道接口层及信息通道	内外网迁移性能 系统功能验证
8	高清节目制播网络系统高、标清兼容演播共享网络系统改扩项目	该项目对原有演播共享网络系统进行扩容及升级，使其兼容高、标清素材格式，具备同时为高、标清节目制播体系提供共享服务的能力，实现规模方面与演播室传统视音频系统建设规模保持适配，同时具备逐步扩展能力	软件功能 以太网链路传输性能
9	AVID 后期制作系统高清化改造项目	该系统基于 Avid Unity ISIS 2.0 智能网格式存储系统，采用万兆核心/千兆以太网络结构	软件功能 网络存储系统性能 网络布线性能 冗余可靠性验证

续表

序号	系统名称	系统功能简介	技术检测报告中包含的信息技术相关内容
10	高清节目制播网高、标清兼容总编室/广告编播系统改扩项目	该系统由后台服务及存储模块、节目单编排模块、节目备播管理模块、节目处理模块、广告处理模块、节目送播模块、监控展示模块和网络管理模块等组成	功能检测 网络存储系统性能 以太网传输性能 素材转码效率和迁移速度
11	总编室系统远程节目上传模块项目	该项目在苏州街老台部署了新台总编室系统的节目/广告上传下载模块，通过远程网络链路与新台总编室连接，满足老台制作系统至新台播出系统的节目备播需求	软件功能 以太网网络健康状况 以太网链路传输性能
12	高清节目制播网高、标清兼容收录系统改扩项目	该项目主要是在原系统的基础上新增高清收录设备，加强监控、报警和其他安全功能	软件功能 网络存储系统性能
13	高标清兼容媒资管理系统改扩项目	该系统是改扩项目，对原有高标清兼容媒资系统进行综合改造，改造后的媒资系统进一步提高了高标清业务处理能力，能实现低码流统一存储、管理，提高整理、转码和自动技审性能、效率，提高系统稳定性，增强数据安全性有效性，提高系统管理维护水平	软件功能 转码迁移性能
14	高端制作网深度编辑系统项目	该系统采用本地制作与在线编辑相互结合的模式，完成高端高清节目的制作，可与台制播体系内的其他系统配合，实现节目备播、资料归档、资料调用、演播室播出、节目/素材收录等跨系统业务的网络化流程	软件功能 网络存储系统性能

续表

序号	系统名称	系统功能简介	技术检测报告中包含的信息技术相关内容
15	高清节目制播网络系统制播网高清适配改造项目01包——高清AVID制作网改造项目	该高清AVID制作网是全台高清节目制播体系下一个独立的节目制作子系统，主要为台内高清频道提供高清节目后期制作能力	系统扩容和适配性改造功能验证 系统新增AVID制作域核心设备备品备件核查 系统新增ISIS存储阵列功能和配置核查 系统新增ISIS存储阵列读写性能
16	北京电视台基于云架构的全媒体新闻生产平台	该平台是一个集视音频节目制作、演播室共享节目播出、新闻线索汇聚、节目\文稿新闻编辑应用云等功能，涵盖电视台新闻节目制播业务的新闻业务云系统	功能和流程 网络存储系统性能 以太网健康状况和传输性能 应用服务性能 冗余可靠性检查
17	北京电视台制播网运维管理系统	该系统主要由Portal Server、基础架构监控、业务流程监控、业务统计、运维流程等组成	制播网运维管理系统功能检测
18	多通道智能化业务数据安全交换平台项目	该系统是建设在办公网与生产网之间的一个综合性的安全交换平台	软件功能验证性 内外网迁移性能
19	高清节目制播网系统高清体育网改造项目02包——高清体育网改造项目	该系统承担台体育节目的生产业务，主要由体育文稿、体育节目制作、体育演播、外场系统、体育资料管理、监控展示、新媒体业务等模块组成	素材导入效率 网络存储系统性能 以太网传输性能 以太局域网健康状况 系统应用性能 软件功能测试 系统安全性核查 冗余可靠性测试

续表

序号	系统名称	系统功能简介	技术检测报告中包含的信息技术相关内容
20	其他高清配套系统设备后期高端（1080P）节目制作设备项目	该系统主要购置万兆以太网络设备、中央存储、4K 高端制作工作站、辅助制作工作站、便携式移动工作站等设备，支持 4K 节目制作	4K 信号输出指标 高清/4K 套编流程 对被测系统高清存储设备读写速度
21	高清节目制播网系统高清体育网改造项目——04 包高清体育一体化制作系统	该系统用于多通道录制和后期编辑功能一体化制作	软件功能 网络存储系统性能 以太网链路传输性能 以太网链路层健康状况 系统配置检查

5. 智慧媒体服务项目

2015 年，随着云计算技术和大数据应用技术的发展，北京电视台启动智慧媒体服务项目，打造基于云计算和大数据的智慧媒体综合生产系统，技术系统如表 A-6 所示。

表 A-6　智慧媒体服务项目清单

序号	系统名称	系统功能简介	技术检测报告中包含的信息技术相关内容
1	服务器集中采购——硬件	该项目集中采购服务器硬件，采购内容为戴尔 R730XD 服务器、超云 R6240-G9 服务器	硬件配置核查
2	服务器集中采购——软件	所测系统为北京电视台智慧媒体服务集中采购项目服务器集中采购中的软件采购项目，采购内容为虚拟化软件	软件配置核查

续表

序号	系统名称	系统功能简介	技术检测报告中包含的信息技术相关内容
3	个人操作系统授权	该项目采购个人操作系统	个人操作系统授权信息核查
4	云计算基础资源平台二期 01 包——计算资源池	该系统对部署在物理服务器上的虚拟服务器进行创建、编辑、删除、备份、恢复、开关机等操作，主要由高密度计算复用软件、高密度计算管理软件、物理服务器组成	软硬件配置核查 功能测试 以太网传输性能 网络布线性能 虚拟服务器应用性能 冗余配置检查
5	基础支撑平台消息控制总线集成项目	该系统目的是实现北京电视台的台网技术系统互联互通，以实现跨网系统的业务、服务和文件交互	系统功能检验 台网联通总线流程验证 总线接入服务验证
6	大数据建设项目第一包：大数据应用系统集成项目	该系统从其他平台收集信息，进行汇总、计算，并将结果发送至指定平台，主要由大数据基础平台功能、大数据管理平台功能、ETL 工具功能组成	软件功能检测 硬件配置核查
7	大数据建设项目第二包：大数据运营平台集成项目	该系统包含广告运营管理系统、网站运营管理系统以及统计分析系统，为 IPTV、网站、移动 APP 提供智能高效的运营、管理手段	广告管理系统功能 统计分析系统功能 运营管理系统功能
8	网络广播电视台二期	该系统由移动端支持系统、数据开放平台、互动应用支撑系统、统计分析模块、用户体验度分析模块组成	系统功能验证

续表

序号	系统名称	系统功能简介	技术检测报告中包含的信息技术相关内容
9	IPTV 头端播控系统	该系统由信源系统和集成播控平台组成，其中信源系统对北京电视台现有卫星信号接收系统提供的卫星信号进行接收、汇聚、转码等处理，并对内容生产系统输出的4K素材进行转码；集成播控平台用于对IPTV节目播出等进行管理	TS over IP 流分析 4K 转码性能 转码集群转码图像质量 系统功能
10	全媒体演播室——02包全媒体演播室（一期）	该系统由内容汇聚平台演播室适配、微博微信互动、IP信源调度、演播室嘉宾访谈、演播室大屏互动包装、演播室虚拟包装功能模块构成	系统功能验证 以太网链路传输性能 综合布线性能指标 以太网健康状况 冗余可靠性策略 系统漏洞扫描、数据库漏洞扫描
11	全媒体演播室——03包全媒体演播室（二期）	该系统由虚拟图形渲染、虚拟图形播出控制、通道虚拟演播室、演播室大屏幕包装、全媒体IP播控、内容汇聚平台演播室适配、IP信源调度和演播室专用无线局域网功能模块构成	系统功能验证
12	移动端开发项目	该系统由移动应用支撑平台模块、BTV大媒体客户端、BTV新闻客户端构成	移动应用支撑平台模块 BTV 大媒体客户端 BTV 新闻客户端
13	云平台管理及安全项目——01包云平台管理系统开发项目	该系统对存储设备、资源进行管理和监控，主要包括门户子系统和资源管理子系统	软件功能 100 用户并发响应时间 200 用户并发响应时间

续表

序号	系统名称	系统功能简介	技术检测报告中包含的信息技术相关内容
14	云平台管理及安全项目——02包云平台管理系统安全体系建设项目	该系统包括统一认证管理系统扩展、安全运维审计系统、云计算安全分析管理系统、云计算环境安全防护系统、云存储安全防护系统	统一认证管理系统扩展功能 安全运维审计系统功能 云计算安全分析管理系统功能 云计算环境安全防护系统功能 云存储安全防护系统功能
15	内容生产服务平台二期项目01包——生产平台和内容中心	该系统以内容为中心，将内容进行集中管理，把汇聚、生产、审核等工具挂接在内容中心上	转码合成效率 网络存储读写性能 系统功能
16	内容生产服务平台二期项目02包——云架构制播网络业务应用及总集成	该项目的总体架构由五个部分组成：基础资源平台、公共服务平台、应用工具集及门户、监控运维管理模块、安全管理模块	系统功能 合成转码效率 自动技审效率 素材迁移效率 网络存储读写性能
17	内容生产服务平台二期项目03包——云架构制播网络基础资源集成项目	该系统对物理服务器集群的硬件资源进行监控、管理，并使用物理服务器集群的硬件资源构建虚拟机，主要包括云平台管理功能、云桌面功能、统计监控功能	以太网链路传输性能 网络存储读写性能 系统冗余可靠性 系统功能 云平台管理功能
18	云构架制播网络工具集及门户集	该系统是云构架制播网络工具集及门户集。工具集及门户集基于基础资源平台和公共服务平台搭建，通过门户集这一统一入口为用户提供内容汇聚、内容生产、内容发布等服务	迁移性能 合成性能 转码性能 系统功能

续表

序号	系统名称	系统功能简介	技术检测报告中包含的信息技术相关内容
19	内容生产服务平台二期项目05包——云架构制播网络公共服务及总集成	该系统是云构架制播网络公共服务平台，由流程驱动模块、融合资源库模块、业务支撑服务模块和管理模块组成	业务支撑服务模块功能 融合资源库模块功能 流程驱动模块功能 公共服务管理模块功能
20	内容生产服务平台二期项目06包——云架构制播网络基础支撑系统集成项目	该系统对物理服务器集群的硬件资源进行监控、管理，并使用物理服务器集群的硬件资源构建虚拟机，主要由高密度计算复用软件、GPU虚拟化软件、基础资源管理系统组成	系统功能 万兆以太网链路传输性能 综合布线性能指标 网络存储读写性能 冗余策略检查
21	内容生产服务平台二期项目第7包——新闻蓝光盘塔媒资系统	该系统是一个以新闻蓝光盘塔为中心搭建的媒资系统，由ODA数据流光盘库、系统交换机等硬件和天元视频处理软件（TYCoder）、MAMSpace媒体管理系统等软件组成	软硬件配置核查 视频转码效率 归档回迁性能 系统功能
22	云存储管理系统	该系统是一套部署在北京电视台苏州街台址和北京电视大望路台址的网络存储系统，由分布式文件系统软件、存储管理	核心软硬件及许可核查 苏州街台址网络存储读写性能 大望路台址网络存储读写性能 从苏州街台址远程访问大望路台址网络存储读写性能 存储系统管理功能
23	云桥全媒体交互系统	该系统是一套全媒体交互系统，由视频识别、音频识别、图片识别、文字识别等模块组成	系统功能 并发性能 特征识别准确率 特征识别效率 Web应用漏洞扫描

续表

序号	系统名称	系统功能简介	技术检测报告中包含的信息技术相关内容
24	跨平台智能决策系统	该系统包含内容推荐系统、全媒体收视指数系统、舆情分析系统、辅助决策分析系统	内容推荐系统功能 舆情分析系统功能 全媒体收视指数系统和辅助决策分析系统功能

6. 融合新闻业务系统建设项目

2017年，北京电视台顺应媒体融合发展的潮流，启动融合新闻业务系统建设，技术系统如表A-7所示。

表A-7 融合新闻业务系统建设项目清单

序号	系统名称	系统功能简介	技术检测报告中包含的信息技术相关内容
1	基于智能N-PaaS核心构建的融合新闻云生产系统	该系统基于云架构模式设计，构建了融媒体汇聚、融媒体生产、融媒体发布、指挥调度、安全管理的新闻融媒体采编播一体化服务体系，实现了北京电视台新闻节目全流程融合制作与播出	系统功能 用户并发访问性能 PaaS层接口连通性 智能识别性能 素材迁移性能 素材合成性能 素材转码性能 自动技审性能 系统冗余可靠性 系统安全策略检查
2	600m^{2}高清新闻演播室技术系统改造项目（第二包）新闻演播室视音频系统	该系统定位为新闻频道的主演播室，具有提词器系统、通话系统和矩阵等模块，既有演播室的功能，又有节目编辑、传输的功能，可满足新闻类节目直播、访谈节目录制以及重大报道任务的生产能力	软件功能 以太网链路传输性能

续表

序号	系统名称	系统功能简介	技术检测报告中包含的信息技术相关内容
3	演播室制播网络接入设备	该项目为网络交换机设备采购，用于实现新闻节目融合新闻制播系统与350M2演播室之间媒体数据和控制数据对接，防火墙设备则用于实现办公网与高安全区之间的数据对接	以太网链路传输性能 以太网链路层健康状况 防火墙安全策略配置检查 网络交换机安全策略配置检查 网络交换机安全播出符合性检查
4	第一包——基础支撑平台（IAAS）项目	该系统由桌面虚拟化软件、桌面虚拟化安全网关、云系统资源管理模块、IP监录设备、告警信息模块组成	系统功能 云平台管理性能 虚拟化平台性能 以太网链路传输性能 以太网链路层健康状况 网络存储性能 系统冗余可靠性 系统安全策略检查 服务器安全漏洞扫描 配置核查
5	新闻节目融合制播系统第三包——政府集中采购-戴尔服务器	戴尔R730、R530服务器采购	设备配置核查

7. 融合媒体生产云平台项目（一期）

2018年，为实现敏捷生产，提高资源配置效率，用好移动互联网快速发展带来的制播能力提升并进一步满足融合媒体生产的业务需求，北京电视台启动融合媒体生产云平台一期项目，技术系统如表A-8所示。

表 A-8 融合媒体生产云平台项目(一期)清单

序号	系统名称	系统功能简介	技术检测报告中包含的信息技术相关内容
1	Iaas、Saas 及其他配套系统第二批政采第四包——存储设备	存储设备采购	存储设备配置核查
2	Iaas、Saas 及其他配套系统：PC 服务器及工作站政采项目	桌面工作站、台式计算机及机架式服务器采购	设备配置核查
3	Iaas、Saas 及其他配套系统：运维管理服务器政采项目	运维管理服务器采购	设备配置核查
4	Iaas、Saas 及其他配套系统第二批政采第一包——PC 工作站与服务器	图形工作站与机架服务器采购	设备配置核查
5	IaaS、SaaS 及其他配套系统第二包——基础资源(私有云 IAAS)平台	该系统是北京电视台私有云基础资源平台，为融合媒体生产云平台提供基础保障与资源支撑，为平台内的服务、应用及业务提供 IT 基础资源，平台包括计算资源池、存储资源池、网络资源池、桌面资源池和基础资源管理系统	系统功能 以太网链路层健康状况 以太网链路传输性能 存储读写性能 存储读写性能 云平台管理性能 虚拟化平台性能 系统冗余可靠策略

续表

序号	系统名称	系统功能简介	技术检测报告中包含的信息技术相关内容
6	IaaS、SaaS及其他配套系统第四包——数据治理与应用技术项目	该系统是融合媒体生产云平台建设项目一期的数据治理与应用部分，数据治理服务模块包含资源调度、接口、管理、数据采集、分析处理等，数据应用服务模块包括业务健康度、资源优化、非编用户体验优化、存储管理优化等	系统功能 数据采集接口支持的数据源验证 数据采集处理间隔 用户并发登录性能 系统冗余可靠策略 数据安全管理策略核查 主机漏洞扫描
7	IaaS、SaaS及其他配套系统第一包——应用工具（SaaS）平台	该系统由汇聚、发布、生产、管理、运营等模块组成，聚合北京电视台电视频道资源和社会媒资资源，提供内容的汇聚、生产、管理、分发服务	系统功能 安全策略检查 Web应用安全漏洞扫描

四、 数据收集情况

下面以年代和项目编号为顺序，从甄选出的技术检测报告中提取技术基础、业务应用、技术管理、系统运维、网络安全的应用与发展数据。

1. 技术基础

关键技术

通过查阅各项目的技术检测报告，各项关键技术在北京电视台的应用年份和应用情况如表 A-9 所示。

表 A-9 关键技术的应用

编号/年度 关键技术	Ⅰ 2007	Ⅱ 2009	Ⅲ 2010	Ⅳ 2012	Ⅴ 2015	Ⅵ 2017	Ⅶ 2018
视频编码技术	2007 年起，标清主要采用 MPEG2 编码方式和 H.264 编码技术，进入高清时代以后，逐步采用 AVC、DNxHD、Proress 等更高级的编码技术，但是在播出线上，主要还是以 MPEG2 为主						
电视节目清晰度	2007—2009 年以标清系统建设为主，2010—2013 年建设高标清同播系统，2015 年以后，主要建设高清和 4K 超高清系统						
2D/3D 显示技术	未开展 3D 电视制播业务						
虚拟演播室技术	2017 年：虚拟图形渲染系统、虚拟图形播出控制系统、通道虚拟演播室系统 2018 年：演播室虚拟包装系统						
VR/AR 技术	未开展 VR/AR 应用						
云计算	2013 年：新闻云业务系统 2016 年：云计算基础资源平台、云架构制播网络系统 2017 年：云计算安全分析管理系统、云架构制播网络公共服务平台 2018 年：私有云平台 2019 年：融合新闻云生产系统						
微服务	2009 年起采用 SOA 面向服务架构的设计模型						
开放平台	2011 年：建设主干平台通过提供标准化软件接口及通信协议，以开发平台形式支持各业务系统 2017 年：数据开放平台						
大数据	2017 年：大数据应用系统集成、大数据运营平台						
5G 通信技术	未开始应用 5G 通信技术						
高可用技术	2007 年起，制播网络系统的技术检测报告中陆续查阅到核心交换系统、汇聚交换系统、非编站点网络链路、数据库系统、核心网络存储的磁盘阵列、重要应用服务器或服务进程采用冗余备份措施，演播室和播出系统的同步系统、AV 通道则沿袭过去的双路互备设计						

续表

编号/年度 关键技术	Ⅰ 2007	Ⅱ 2009	Ⅲ 2010	Ⅳ 2012	Ⅴ 2015	Ⅵ 2017	Ⅶ 2018
自动化	在链路节目制作、收录、存储、播出、传输环节，自动化技术得到广泛应用						
人工智能	2017 年：语音识别、音频识别、图片识别、视频识别、内容推荐、用户推荐、直播推荐、广告推荐等 2019 年：主动运维体系						
安全态势感知	未见实质部署应用						
数据可视化	2017 年：数据报表、数据统计(列表、趋势图、柱状图、饼状图等)、春晚分析、收视分析、互联网传播分析						

基础架构

电视台技术系统的基础架构，基本上经历了两个大的阶段，一是以 SDI 信号系统为主的 AV 制播技术体系，二是以 AV 和 IT 技术相融合的 AV-IT 制播技术体系。北京电视台技术系统基础架构的发展情况如表 A-10 所示。

表 A-10　基础架构的发展

编号/年度 基础架构	Ⅰ 2007	Ⅱ 2009	Ⅲ 2010	Ⅳ 2012	Ⅴ 2015	Ⅵ 2017	Ⅶ 2018
AV 系统	√	√	√	√	×	×	×
AV-IT 系统	√	√	√	√	√	√	√

自从台内制播数字化网络化以后，AV 技术就和 IT 技术深度融合。在数字化网络化发展初期，主要体现在标清全台网、高标清同播和高清改造项目中，北京电视台还在演播室、播出和节目传输系统中部署 AV 系统，而在新闻和综合制作、全台媒资、收录以及节目交换共享平台等系统中，则是 AV 和 IT 技术相结合的 AV-IT

系统。后期进行智慧媒体、融合新闻业务系统和融合媒体生产云平台，均为 AV-IT 系统。

数据治理

经统计，北京电视台数据治理的应用与发展情况如表 A-11 所示。

表 A-11　数据治理的应用与发展

编号/年度	Ⅰ	Ⅱ	Ⅲ	Ⅳ	Ⅴ	Ⅵ	Ⅶ
	2007	2009	2010	2012	2015	2017	2018
数据治理	×	×	×	×	×	×	√

数据治理在 2018 年融合媒体生产云平台项目中得到重视并开始建设相关的应用系统。

2. 业务应用

节目生产方式

经统计，北京电视台节目生产方式的发展情况如表 A-12 所示。

表 A-12　节目生产方式的发展

编号/年度	Ⅰ	Ⅱ	Ⅲ	Ⅳ	Ⅴ	Ⅵ	Ⅶ
节目生产方式	2007	2009	2010	2012	2015	2017	2018
单机制作	×	×	×	×	×	×	×
岛式制作	√	√	√	√	√	√	√
全台网制播	√	√	√	√	√	√	√
融合媒体生产	×	×	×	×	√	√	√

数字化网络化技术发展到 2007 年的时候，已经过了非编单机制作的阶段，全面进入以岛式制作为基本单元的全台网时代。随

后无论是智慧媒体还是融合新闻制播，生产形式均以全台全流程的方式进行。

节目生产能力

经统计，北京电视台节目生产能力的发展情况如表 A-13 所示。

表 A-13　节目生产能力的发展

编号/年度 节目生产能力	Ⅰ 2007	Ⅱ 2009	Ⅲ 2010	Ⅳ 2012	Ⅴ 2015	Ⅵ 2017	Ⅶ 2018
数字标清	2007—2009 年：标清 2010—2013 年：高标清兼容						
数字高清	2010—2013 年：高标清兼容 2013—2020 年：高清						
4k 数字超高清	2015 年启动 4K 数字超高清建设						

北京电视台早在 2010 年就开始了高标清同播技术改造工作，期间经历了 3 年的高标清兼容系统建设过程后，系统建设全面高清化，除了播出线上尚有标清系统，节目制作系统已经不再建设标清系统。2015 年的时候，行业开始发展 4K 超高清技术，北京台在智慧媒体系统中采购了 4K 超高清单机，尝试进行 4K 超高清制作。

节目生产形态

经统计，北京电视台节目生产形态的发展情况如表 A-14 所示。

表 A-14　节目生产形态的发展

编号/年度 节目生产形态	Ⅰ 2007	Ⅱ 2009	Ⅲ 2010	Ⅳ 2012	Ⅴ 2015	Ⅵ 2017	Ⅶ 2018
电视制作	2007—2019 年：电视制播业务全面网络化、流程化						

续表

编号/年度 节目生产形态	Ⅰ 2007	Ⅱ 2009	Ⅲ 2010	Ⅳ 2012	Ⅴ 2015	Ⅵ 2017	Ⅶ 2018
新媒体制作	2012—2017年：台网互动，新媒体内容统一管理、统一制作，IPTV、网台、APP多渠道分发						
融合制作	2017—2019年：台网融合，流程再造；统一策划、统一指挥调度和任务协同；一次采集、多元生成、多元传播						

自2007年全台网投入使用，北京电视台制播业务全面实现网络化、流程化。2012年新媒体业务上线，以整合视频内容、统一管理为基础，实现多渠道分发，促进台网互动、台网联动。2017年，融合新闻云、融合媒体生产云上线运行；2019年，北京电视台着手启动融媒体中心平台规划设计。以此为契机，积极开展业务流程再造，实现统一选题策划、统一任务调度、业务资源统一调配；初步具备全媒体汇聚，共平台生产，多渠道分发能力；同时着手推进数据治理、数据应用，逐步打造以数据为核心的业务闭环。

3. 技术管理

经统计，北京电视台节目技术管理的思路与发展情况如表A-15所示。

表A-15 节目技术管理的思路与发展

编号/年度 技术管理	Ⅰ 2007	Ⅱ 2009	Ⅲ 2010	Ⅳ 2012	Ⅴ 2015	Ⅵ 2017	Ⅶ 2018
技术情报追踪	2007—2019年：以项目建设为导向，以技术热点专项调研为主线，以情报库、知识库为抓手，通过外出调研、邀请交流等方式全方位收集技术情报						
技术发展规划	2010—2015年：拟定北京电视台十二五期间技术发展规划，并落实执行 2016—2020年：拟定北京电视台十三五期间技术发展规划，并落实执行						

续表

编号/年度 技术管理	Ⅰ 2007	Ⅱ 2009	Ⅲ 2010	Ⅳ 2012	Ⅴ 2015	Ⅵ 2017	Ⅶ 2018
技术预算管理	2007—2019 年：采取统一下达、集中管理、逐级审批、专款专用方式进行管理						
技术工程管理	2007—2019 年：以立项审批、项目采购、合同执行、验收实施等关键环节为抓手，以流程化方式开展工程管理						
设备采购及合同管理	2007—2019 年：从招标文件环节入手，对照立项审批意见，采取逐级审批方式，完成合同起草、签订工作						
技术资源管理	2007—2009 年：采取人工统计，台账管理方式 2009—2019 年：以信息技术手段为支撑，采取人财物一体化管理思路，实现精细化管理						
固定资产管理	2011—2019 年：采用设备配置核查方式进行管理						
技术质量管理	2007—2009 年：从性能、功能、质量、合规四个维度开展验收工作，打造技术质量管理闭环						

北京电视台技术管理体系较为成熟完整。自 2009 年以来，不断尝试引入技术管理工具，打通管理数据、资产数据、业务数据，优化技术资源及人员配置，充分利用信息技术手段提升精细化管理水平，但在大数据、智能化技术应用方面尚有待提升。

4. 系统运维

经统计，北京电视台系统运维发展情况如表 A-16 所示。

自 2012 年以来，北京电视台逐步实现运维服务化、体系化，依托理论研究成果，提升运维能力。不断优化运维团队组织架构，完善服务目录管理及运维流程，充实运维工具，初步建立起符合自身特点的运维体系。目前正在从运维服务管理成熟度模型从第二级“稳定拓展”向第三级“体系协同”演进，在策略执行层的“服务化”和架构管控层的“体系化”方面尚未取得

实质性的突破。

表 A-16 北京电视台系统运维发展

编号/年度 系统运维	Ⅰ	Ⅱ	Ⅲ	Ⅳ	Ⅴ	Ⅵ	Ⅶ
	2007	2009	2010	2012	2015	2017	2018
理论研究	2012 年：完成国家新闻出版广电总局《基于高标清全台网络化制播体系管理维护模式的研究与实践》研究项目 2013 年：完成国家新闻出版广电总局《高标清全台网络化制播体系管理维护模式的研究与实践》研究项目 2016 年：依托运维理论研究成果，编撰出版《广播电视信息系统运维能力建设指南》						
应用实践	2015 年：通过国家信息技术服务运行维护标准符合性评估 2016 年：重构运维部门组织架构，横向打通形成技术支持、业务应用、基础资源三层运维模式 2018 年：作为牵头单位完成国家新闻出版广电总局《电视台信息系统运行维护服务通用要求（GY/T 317-2018）》行业标准编制任务并正式颁布实施						

5. 网络安全

电视台的网络安全防护，主要表现为以防病毒为主要目的的单机安全防护，以防病毒和防非授权访问控制为主要目的的生产岛安全防护，以防病毒、防非授权访问、防非法入侵、防 DOS 攻击为主要目的全台网生产系统安全防护，以及除前述被动防护目的之外的、融入主动安全态势感知防护的生产系统安全防护。经统计，北京电视台节目网络安全防护技术的应用情况如表 A-17 所示。

表 A-17　网络安全防护技术的应用

防护技术＼编号/年度	Ⅰ	Ⅱ	Ⅲ	Ⅳ	Ⅴ	Ⅵ	Ⅶ
	2007	2009	2010	2012	2015	2017	2018
单机防护	√	√	√	√	√	√	√
生产岛防护	2007 年建设全台网，单机和岛式病毒防护是最小防护单元						
全台网防护	2017—2020 年：Web 应用漏洞扫描、应用安全、入侵检测、安全审计、恶意代码防范						
态势感知防护	×	×	×	×	×	×	×

最初的数字化网络系统建设，网络安全主要以病毒防护为主要任务，较少考虑系统漏洞、应用安全等高级防护需求，直到 2017 年，随着网络安全现实形式越来越严峻，社会网络安全意识逐步提高，相应的网络安全防护服务能力也在提高，北京电视台在系统建设中，加大了网络安全建设的投入，将防护体系扩大到 Web 应用漏洞、应用安全入侵检测、安全审计和恶意代码防范等领域，但是对于动态安全感知这一新技术，尚未得到部署应用。

五、分析评估

从对大量项目技术检测报告的数据整理结果来看，北京电视台在关键技术的应用非常具有前瞻性，且技术先进性和系统实用性结合得较好。例如在标清时代时，视频编码主要采用 MPEG2 和 H.264 编码技术，进入高清时代以后，逐步采用 AVC、DNxHD、Proress422 等更高级的编码技术，但是在播出线上，为了保持兼容性，仍然以高码率的 MPEG2 编码格式为主。在过去十年，虚拟图形渲染、虚拟演播室、虚拟包装等现金技术在台里得到了应用。云计算、大数据技术在相关技术刚兴起的时候就被及时应用到了业

务系统中，随之得到应用的还有面向虚拟化计算技术应用的微服务技术，以及服务于业务的语音识别、音频识别、图片识别、视频识别、内容推荐、用户推荐、直播推荐、广告推荐等新兴信息技术。

在基础架构方面，北京电视台倡导传统技术和先进技术的融合，顺应了信息技术逐步渗透、优化、取代传统广播电视技术，信息技术系统逐步在台内技术系统中占据主导地位的发展趋势。自从台内制播数字化网络化以后，就创造条件，促进台内AV技术和IT技术的深度融合。在数字化网络化发展初期，主要体现在标清全台网、高标清同播和高清改造项目中，北京电视台还在演播室、播出和节目传输系统中部署AV系统，而在新闻和综合制作、全台媒资、收录以及节目交换共享平台等系统中，则是AV和IT技术相结合的AV-IT系统。后期进行智慧媒体、融合新闻业务系统和融合媒体生产云平台，均为AV-IT系统。

信息技术系统与传统音视频技术系统给电视台技术部门工作带来的重要区别和挑战是在系统运维和网络安全方面。与视音频系统主要依靠事后设备级维修的维护方法不同，信息系统需要建立完整的系统运维机制，贯彻系统化、体系化原则，在事先、事中、事后的全过程运用PDCA服务质量管理理念，对人员、过程、技术、资源四个基本要素进行持续改进。同时，网络安全不能仅停留在等级保护的基础要求层面，而是要追求安全措施的可管可控，通过状态监测和态势感知来应对电视台应用场景下的安全挑战。北京电视台在这两个发展维度上都走在了国内行业前列，通过前瞻性研究积累了理论基础并得出适合行业和组织场景的解决方案，在项目建设和系统运转中逐步实践，取得了良好效果。

另一方面，技术系统只是电视台整个技术体系框架的底层组成部分，通过项目建设、改造完成的系统设施需要通过运转来体现价值，而对于运转的管理决定了技术体系的价值水平。有了技术管理，技术体系才变得立体化。同时，数据处理和流转是信息系统当前发展阶段的主要特征，也是信息系统运转的基础，更是业务开展、服务运营、运维操作、安全保障的支撑。在信息化进程中，数据的基础地位越发显著且不可替代，是超越系统架构、技术实现、业务形态之外的信息化的本质特征。数据治理与应用是推动系统重构和管理水平提高的关键手段，通过合理的数据治理，系统在运转中将展现出新的活力。北京电视台在开展项目建设和运维标准化工作的过程中，看到了数据治理的重要性，在 2018 年融合媒体生产云平台项目中开始重视并建设数据治理系统。

从北京电视台历年来的发展来看，信息化建设始终被当作是技术建设的基础方面加以重视，也正是大力有效的信息化建设，为北京电视台业务发展提供了坚实的技术基础。

当数字化网络化技术发展到 2007 年的时候，北京电视台直接跳过非线性编辑技术在单机上应用的阶段，进入以岛式生产系统为互联基本单元的全台网生产系统时代。随后无论是智慧媒体系统还是融合新闻制播系统规划建设，均以全台全流程的组网方式进行。

在新址标清系统建设了两年以后，北京电视台开始了高标清同播技术改造工作。经历了 3 年的高标清兼容系统建设过程后，北京电视台的生产系统全面高清化，除了播出线上尚有标清系统，节目制作系统已经不再新建标清系统。2015 年，行业开始推广 4K 超高清技术，当时还处于技术发展的初期，北京电视台在智慧媒体系统中采购了 4K 超高清单机，尝试进行 4K 超高清制作。

随着移动互联网发展进入快车道，北京电视台及时捕捉到观众群体收视习惯的变化，先是建设网台一期项目，开始制作播出新

媒体节目,然后又建设智慧媒体项目,应用云计算大数据等新技术,大力发展新媒体业务。到最近两年,中央出台政策发展融合媒体的时候,北京电视台已经完成了完整的融合媒体系统建设,上线了融合媒体业务。

在扎实的信息化技术系统基础上,北京电视台将建设先进的节目生产形式,打造先进的节目生产能力,发展先进的融合媒体业务作为立台的内容和形式,取得了良好效果。

无论是北京电视台的信息化建设还是业务发展,均经历了从无到有,从简到繁,从无序到有序的过程,并且在时间的磨砺下,循环反复、螺旋上升。这实际上也反映了当生产方式和生产力不相适应的时候制播系统建设发展和业务发展相互适应共同发展的情况。最明显的例子就是刚建成的标清系统,不能适应高清制作的需要了,于是需要建设高清系统。高清系统建成后,随着移动互联网的发展,又不能适应融合媒体制播的需要了。对复杂技术系统来说,零敲碎打将会陷入剪不断理还乱的局面,开展体系化的技术系统规划和建设是基本要求。

从检测报告的数量来看,近十年北京电视台建设了非常多的信息系统,同时现有信息技术运维队伍仅有100来人,维持如此庞大的技术系统的正常运转非常困难。在如何有效提高运维效率、控制运维风险、提高运维能力等方面,将成熟的国内外信息技术系统运维标准与电视台信息系统运维特征相结合,制定适合电视行业和组织场景的运维策略,是我们面临的重要课题。北京电视台在这方面进行了持续研究和实践,让系统运维与项目建设有机连接,使运维理念、原则、方法、工具适应实际工作需要,在信息系统生命周期中相对漫长的运行维护阶段发挥出自身优势。

电视台的网络安全防护,主要表现为以防病毒为主要目的的单机安全防护，以防病毒和防非授权访问控制为主要目的的生产岛安全防护，以防病毒、防非授权访问、防非法入侵、防 DoS 攻击为主要目的全台网生产系统安全防护，以及除上述被动防护目的之外的、融入主动安全态势感知防护的生产系统安全防护。在这方面，北京电视台在进行前瞻性研究并取得成果之后，又在系统建设、改造以及后续运维中加以运用，为整个组织的信息化进程保驾护航。

通过对技术、业务、安全、管理、运维相关信息的收集和梳理，我们看到了电视台技术体系信息化进程的组成维度和基本脉络，而其发展方向势必体现了上述维度的内在特征和演进要求。

六、 评估结论

在北京电视台大系统、大项目建设的技术检测报告基础上，通过检测数据提炼统计和分析，对 2007 年以后北京电视台信息技术系统的发展做了深入细致的研究。大量的数据统计分析结果表明，近年来信息技术在北京电视台中的应用势头迅猛且呈现加速趋势，各类新兴的信息技术总是能赶在潮头出现在北京电视台的系统建设清单中。信息技术在承载北京电视台核心业务方面占据了越来越重要的位置，并与视音频技术全面融合，形成了一种新的电视台技术系统，广播电视行业称为 AV-IT 系统。

基于信息技术发展对北京电视台技术体系建设的影响程度，如果将研究对象从技术系统上升到更高的电视台技术体系治理层面，我们发现，技术、业务、安全、管理和运维成为构成北京电视台技术体系的五个基本维度，而进行信息化建设、发展融合业务，使台内各项工作服务化、技术架构体系化，并且以大数据为核心，打造智能化生产流程则是北京电视台未来的发力点。

从北京电视台发展的视角来看，技术是发展的基础，业务是发展内容和形式，管理是发展的手段，运维是发展的保障，安全是发展的底线。从北京电视台技术体系演进的视角来看，信息化、融合化分别是技术和业务演进的基本方向和目标，服务化、体系化、数据化、智能化是为了实现基本目标的合理策略和有力抓手。

从北京电视台这个有代表性的国内省级电视台案例来看，技术系统的建设、技术体系的发展，实际上就是由上述五个发展维度、六个发展方向交织而成，并且在今后的一段时间内，仍然会沿着这个轨迹不断演进。

附录B

《北京电视台“十三五”时期技术发展规划》摘要

《北京电视台“十三五”时期技术发展规划》是依据国家新闻出版广电总局《新闻出版广播影视“十三五”科技发展规划》、北京市新闻出版广电局《北京市“十三五”时期广播影视科技发展规划》以及北京电视台各项事业的总体部署和要求，为支撑和促进北京电视台内容生产，推进新形势技术进一步发展的前提下，由北京电视台总工办编制而成，于2016年年底发布，是北京电视台重点工作任务之一。

《北京电视台“十三五”时期技术发展规划》在管理层面，以服务化、体系化为抓手，起草制订了5年技术发展规划以及年度技术升级改造计划，研究制定技术标准，全面推进技术升级转型，为北京电视台技术体系提供指导思想和发展方向。

一、 指导思想、基本原则和发展目标

1. 指导思想

全面贯彻党的十八大和十八届三中、四中、五中全会精神，以邓小平理论、“三个代表”重要思想、科学发展观为指导，深入贯彻习近平总书记系列重要讲话精神，按照《新闻出版广播影视“十三五”科技发展规划》和《北京市“十三五”时期广播影视科技发展规

划》的总体要求，立足首都政治中心、文化中心、国际交往中心、科技创新中心的战略定位，围绕建设中国特色社会主义先进文化之都的中心任务，以发展为主题，以服务与促进北京电视台各项中心任务为目标，以改革为动力，以创新为驱动，以项目为抓手，充分发挥技术引领和支撑作用，推动传统媒体与新兴媒体融合发展，全面提升北京电视台技术创新能力，增强播出安全保障能力，提高技术为编播服务的水平，为北京电视台事业全面繁荣、快速发展提供坚实的技术支撑。

2. 基本原则

（1）**科学发展、确保安全**。发展是广播电视技术工作永恒的主题，安全播出是广播电视的生命线。正确处理和解决好发展与安全的关系，必须坚持科学发展，依靠科技进步，以发展促安全，以安全保发展，是实现电视事业又好又快发展的基本要求。

（2）**创新驱动、融合发展**。创新是国家战略，融合是大势所趋。加快传统媒体与新兴媒体融合，必须坚持以创新驱动融合，以融合推动发展，实现发展转型升级、提质增效。引入互联网思维，利用通用化、平台化和服务化、体系化、标准化的方法，积极推广通用信息技术产品和解决方案应用，逐步整合台内主要信息系统基础资源平台，在技术系统规划、设计、实施、运维等各个环节全面推进服务化、体系化、标准化转型，促进技术体系与业务需求、市场需求紧密衔接，提升效能和质量，降低成本，控制风险。

（3）**提倡绿色环保，节能减排**。在系统设计、选型、建设时充分考虑系统能耗，采用新技术、新材料、新方式进一步控制设备能耗。例如在更新演播室灯光时应考虑采用新型低能耗光源，据测算，仅此一项改造完成就可降低台内演播室 70%左右的能耗。

3. 发展目标

“十三五”期间，北京电视台技术体系建设将以融合化、信息化为主攻方向；在技术层面，以数据化、智能化为手段；在管理层面，以服务化、体系化为抓手，全面推进升级转型，为北京电视台各项事业提供技术支撑和技术驱动。

（1）**提高安全播出和网络安全保障能力**。进一步完善安全播出管理体系与运行机制，建设网络与网络安全技术和管理体系，加强安全播出管理中的科学性和精细化管理水平，利用数据支撑方式，切实提升网络安全保障水平，实现面向融合媒体的安全播出、网络与网络安全保障能力的全面提高。

（2）**提升融合媒体制播能力**。依托新型技术架构，建设“全媒体、全流程、全渠道、全终端”的融合媒体制播系统，支撑高清、超高清电视以及互联网新媒体内容生产和分发业务，全面提升电视台传播力、影响力，为打造新型主流传播平台提供技术保障和技术驱动。

（3）**全面提升融合媒体服务能力**。依托地面无线数字电视覆盖网络、有线电视网络、卫星网络等新一代广播电视网以及其他通信网络的多种渠道，为电视、手机、PC 等多种终端用户提供双向、可交互的融合媒体服务；实现融合媒体制播平台与融合媒体服务平台之间的协同联动，通过用户数据采集、分析，促进内容生产，初步实现融合媒体业务闭环流程，全面提升融合媒体服务能力。

（4）**提升数据治理能力**。从融合媒体业务运转、节目运营以及技术管理、系统运维等多个维度，提升台内外数据采集、分析、处理和应用能力，为运营和技术管理决策提供数据支持，提升台内员工和电视观众的用户体验和服务水平。

（5）**提升传输覆盖能力**。科学利用现有电视播出频道资源，参

与建设覆盖北京的地面数字电视网，并利用“广电+”的卫星、地面播出和有线网络，实现北京电视台节目的全面数字化覆盖。

(6) **提高技术管理与服务能力**。技术管理与技术服务并重。引入服务化、体系化、标准化理念，提高技术管理水平，提升技术服务质量与效能，实现技术资源的有效利用、生产效率的显著提高。

(7) **不断增强科技创新能力**。应用广电融合媒体制播云、融合传输覆盖网络、全媒体应用聚合服务云、智能终端、宽带广电和“广电+”等关键技术，研发台内外应用，进一步增强北京电视台科技创新能力。

二、重点项目

1. 播出安全与网络安全管理保障体系建设

完善升级安全播出管理体系

深入落实《广播电视安全播出管理规定》(广电总局第62号令)，适应广播电视媒体融合发展趋势，推进安全播出管理体系的进一步完善，实现广播电视安全播出常态化管理，提升融合媒体安全播出管理和水平。

安全播出保障能力建设

针对新技术、新设备、新应用对台内安全播出保障体系提出的新要求，在推进台内网络制播系统建设的基础上，从技术保障、日常管理、规章制度等多个方面加强安全播出能力建设。

逐步开展容灾备份系统工程建设

逐步开展北京电视台灾备系统建设，确保突发事件和自然灾害期间，调度指令畅通，内容安全播出。

网络安全管理平台建设

面向广播电视媒体融合在内容管控、业务运营、系统建设、运行管理等方面的网络安全需求，运用数据分析、态势感知等技术支撑手段，推进网络安全管理平台的建设与升级。

2. 从节目制播体系向全媒体融合制播体系升级转型

“十三五”期间，北京电视台将着力提升节目融合制播能力，创优节目内容质量和形式，巩固核心竞争力，履行主流媒体责任与义务，满足编播业务对技术系统的新要求。

融合媒体技术平台建设

（1）打造面向互联网的融合媒体业务支撑平台。促进传统电视媒体与新媒体业务流程融合，从选题策划、内容生产与分发等多个层面，实现全媒体业务协同运转；利用公有云、高速互联网传输等技术手段，提高异地协同能力和移动化制播能力；积极引入新型技术手段，提升内容汇聚、生产和分发环节的智能化水平，形成融合业务需求敏捷适配能力。

（2）融合媒体 PaaS 平台建设。以通用 PaaS 平台为基础，结合广电应用需求，打造统一、开放的融合媒体服务平台，为融媒体内容汇聚、生产、发布提供支撑。在提升电视业务支撑能力基础上，实现 3D、超高清、VR 等多种媒体资产的有效管理和智能检索；依托分布式计算技术，提高迁移、转码、合成等视频处理服务能力和弹性；提供灵活、轻量化的流程引擎，促进融合媒体流程再造；萃取各类业务运转数据，为内容生产和技术管理提供数据支撑。

（3）融合媒体服务平台建设。以用户为核心，充分利用有线电视、地面无线数字电视网络、互联网/移动互联网等分发渠道，通过微博、微信、手机客户端、电视接收机等多种用户终端，为用户提供个性化媒体服务；在全面采集、分析用户数据基础上，形成用户画像，针对用户个性需求进行智能内容推荐。

（4）融合新闻中心建设。围绕新闻立台新目标，依托融合新闻

制播平台，充实全媒体汇聚手段，拓展新闻分发渠道，提升智能化生产水平；引入虚拟植入、演播室集控等新型技术手段，结合演播室灯光舞美设计，提升视觉呈现效果和节目感染力，为电视媒体融入全媒体元素，打造全媒体、全流程、全渠道、全终端的融合媒体国际新闻中心系统，实现技术管理水平的进一步提升。

综合制播云平台建设

（1）引入互联网思维，依托混合云技术，采取“平台+应用”架构，按照“平战结合，务实高效”的原则，在大北窑台址和苏州街台址建设新一代同城异址数据中心和基础资源平台，扩展、提升基础支撑能力和业务适配能力，促进工具与基础资源平台分离，实现工具的轻量化和多元化，提升灵活性、可扩展性，敏捷业务需求变化。平时满足技术资源随业务负载变化而灵活调配要求，统一管理、全局使用、快速到位；遇有重大灾害事件，发挥灾备恢复职能，迅速恢复业务运转，保证内容生产和播出安全。

（2）依托新建基础资源将现有竖井式架构制播网业务迁移到云端，扩充计算、存储能力，适配超高清、高清电视内容生产需求；建设形成业务周转能力，为老旧技术系统改造创造条件。

（3）设计、建设统一的云管理平台，逐步整合全台信息系统基础设施，提高技术资源利用率；为全台电视制播业务、融合媒体业务、办公管理业务提供基础资源支撑，在全台范围内统一调配技术资源，敏捷适配各类业务需求。

3. 进一步提升技术管理水平

健全完善运维管理体系

（1）引入ITSS、广电信息系统运维能力建设体系等理论工具，结合台内实际情况，对全台运维服务管理进行统一规划，完善运维管理组织架构，提升运维人员技术和技能；梳理、制订服务目录、服务级别协议，明确运维流程；利用各类维保技术、管理工具提升效率；在量化评估维保服务质量、效能质量基础上，提升精细化管理水平。

(2) 进一步建设、完善运维管理平台、运维监控平台、技术资源管理平台，为实现精细化管理，促进服务化、体系化、标准化提供技术支撑。

大数据平台建设

统一规范数据格式，加强用户数据采集，打通业务系统与广告、收视等管理系统间数据，实现核心业务数据的贯通；在新建技术系统建设过程中，完整规划数据接口，打通制播平台、运维平台、安全管理平台、技术资源管理平台间数据；依托大数据能力平台和应用平台，采集、处理、分析各类业务、技术、管理数据，为融合媒体选题策划、节目运营提供指导和参考，实现以用户为中心的业务运转和闭环反馈，为技术与业务管理提供数据支撑，全面推进全台“数据化”进程。

网络安全体系建设

统一规划全台网络安全体系，优化网络安全措施部署，建设安全管理平台。从全局视角出发，以业务为主线，结合云计算技术特点，建设新一代网络安全管理平台，实现全适配的安全措施；依托网络安全大数据、数据可视化等新局安全态势可视化感知与量化评估。

提高办公管理系统业务效率

依托云计算技术，优化办公应用业务流程，整合全台信息系统基础支撑平台，提高技术资源利用率；加强全台无线网络覆盖能力，建设移动应用支撑平台，推出移动应用工具集，进一步提高服务管理能力。

附录 C

《制播网运维服务管理白皮书》摘要

《制播网运维服务管理白皮书》是在国家新闻出版广电总局科技司(简称总局科技司)2012 年的科研项目"基于高标清全台网络化制播体系管理维护模式的研究与实践"的项目成果基础上，结合《广播电视安全播出管理规定》(广电总局 62 号令)、ITSS 运维系列标准和运维成熟度模型、ITIL、ISO20000、CMMI、ISO27001、《广播电视相关信息系统等级保护基本要求》等标准和最佳实践，继续深入研究制播网运维服务管理体系框架及其成熟度特征而得出的研究成果。

《制播网运维服务管理白皮书》提出了制播网运维服务管理体系框架，由运维治理、目标管理、过程管理、操作管理、支撑管理和信息技术系统组成。在此基础上，给出了制播网运维服务管理成熟度模型，包括基本有序、稳定拓展、体系优化、量化提升四个层级，并对稳定拓展、体系优化两个层级的特征和相关要求进行了重点描述。

《制播网运维服务管理白皮书》编制过程由 2014 年 7 月 2 日项目启动开始至 2015 年 9 月 22 日项目组白皮书终稿审订结束，北京电视台是主要研究编制成员。

一、运维服务管理体系框架

1. 概述

制播网运维服务管理体系框架总体上分为信息技术服务治理、运维服务管理、信息技术系统三个组成部分，如图 C-1 所示。其中运维服务治理和信息技术系统是运维服务管理体系框架整体存在环境的辅助组成部分，只做简要描述。运维服务管理作为体系框架的主要组成部分，是本白皮书重点研究对象。

2. 信息技术服务治理

制播网信息技术服务治理需要明确运维服务的管理负责人，并结合内外部环境制定运维服务管理的方针和目标。方针用于指导制播网运维服务管理发展的方向和目标。目标用于打造可信赖的运维服务能力，应该是可测量并且和方针保持一致。

3. 运维服务管理

运维服务能力管理

制播网运维服务能力管理模型遵循 PDCA（策划、实施、检查、改进）原理，制播网运维服务管理部门作为电视台制播网运维服务提供方，应对制播网运维服务能力进行整体策划，形成服务目录和服务级别协议（SLA），并提供必要的运维资源支持，以保证运维质量并满足 SLA 要求，对制播网运维服务结果、运维服务过程及运维服务管理体系进行监督、测量、分析和评审，并实施持续改进。

目标管理

目标管理模块负责管控制播网运维质量和运维效率，规定制播网运维服务管理部门向用户提供运维服务的内容、方式和成果。制播网运维服务管理部门应与制播网用户对运维服务的内容及服务级别达成一致，制播网用户应对制播网运维服务管理部门的运

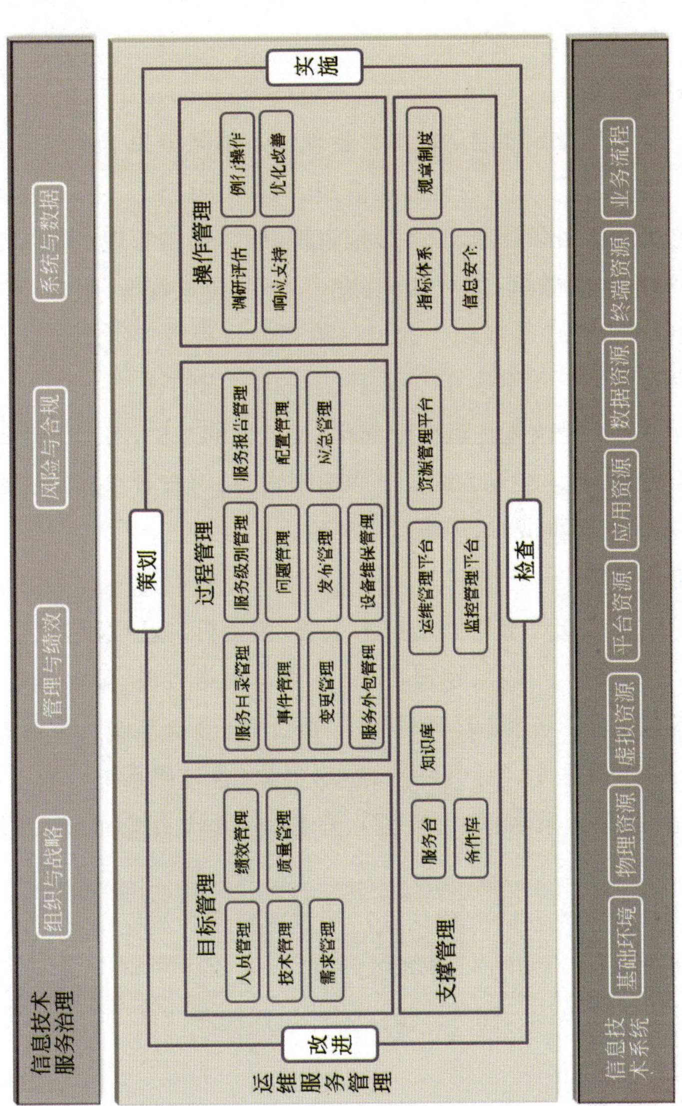

图 C-1 制播网运维服务管理体系框架示意图

维服务质量进行评价。

目标管理模块主要包括人员管理、绩效管理、技术管理、质量管理、需求管理5个部分。

过程管理

过程管理是制播网运维服务管理体系框架中关于规范运维流程的内容，是实现管理目标需要借用的管理手段和方法，过程管理模块包括服务目录管理、服务级别管理、服务报告管理、事件管理、问题管理、配置管理、变更管理、发布管理、应急管理、服务外包管理、设备维保管理等模块。通过一系列的过程管理活动可以有效地处理运维部门与用户、运维人员、服务商之间任务传递与协作。

制播网运维流程是运维标准化、规范化的基础，将运维活动进行分类管理，合理配置运维人员和运维资源，可有效提高运维效率和质量、降低运维成本、规避运维风险。

操作管理

制播网运维对象是信息技术系统，包括机房基础设施（空调、电力、安防、综合布线）、物理资源（网络及网络设备、服务器设备、存储设备）、虚拟资源（虚拟网络、虚拟计算、虚拟存储）、平台资源（操作系统、数据库、中间件等）、应用资源（各应用系统）、数据（媒体数据、过程记录数据、元数据）、业务流程（状态查询、人工干预等）等。

针对制播网运维对象，依据过程管理模块的流程和规范，处理制播网运维人员与用户、服务商、信息系统的交互关系，完成对制播网系统的各类操作任务。操作管理包括调研评估、例行操作、响应支持和优化改善。

支撑管理

运维支撑是制播网运维服务管理体系框架中完成目标管理、

过程管理、操作管理所依托的服务台、知识库、备件库、运维管理平台、资源管理平台、监控管理平台、指标体系、规章制度、信息安全等，支撑管理的完善程度将深刻影响过程管理的效率和效果，支撑管理关键要素的缺失或不完善，可以导致运维服务管理体系无法正常执行。

4. 信息技术系统

信息技术系统是制播网运维的对象，包括基础环境、物理资源、虚拟资源、平台资源、应用资源、数据资源、终端资源、业务流程等。

二、运维服务管理成熟度及特征

1. 成熟度定义

国内各电视台制播网建设现状及发展趋势存在很大差异，表现在电视业务和技术的管理方式不同（如共享技术体系、频道独立技术体系），业务、技术和管理的发展方向不同，制播网建设规模和发展阶段不同。这些不同造成了各电视台制播网运维方式存在巨大的差异，运维服务能力水平参差不齐，缺乏评价和改进的方法、手段及规范。

制播网运维服务管理成熟度的最适化应用

运维服务管理成熟度的选择需要考虑合理的投入产出比，体现在运维质量、运维成本、运维能效、运维风险等方面。

鉴于国内制播网运维服务管理模式的差异，制播网运维服务管理需要定义多种层级。本白皮书经过对各种分类分级模式进行了对比、研究、实践，认为基于能力体系（ITSS）进行成熟度层级的定义是适合目前国内制播网运维服务管理现状及发展趋势的。

基于能力体系的成熟度层级定义就是在管理内容/工作面不变

的情况下，选择并确立运维各项管理工作的深入程度或精细化程度，以适应运维服务管理的实际需要。这种方式定义的成熟度层级无论行业内各组织管理模式差异如何巨大，主要采纳常规信息技术运维的核心思想，具有广泛的适应性。各电视台根据自身情况和制播网的管理需要，选择或定义其能力管理深度和颗粒度，就能够全面满足成熟度层级定义最为核心的原则——“最适化”运维的需要。

基于能力体系的运维成熟度层级定义主要考虑以下两个因素：

（1）规模：代表了运维服务管理所影响的用户或业务数量，以及制播网运维服务管理中的设计、实施、检查、改进工作的影响度。

（2）复杂度：代表制播网架构、技术、业务等的复杂性，以及制播网运维服务管理中发现问题、解决问题、技术研发的难度。

规模和复杂度可以细分为管控目标、业务承载量、业务涵盖度、系统架构、设备规模、组织容量 6 个方面，如图 C-2 所示。

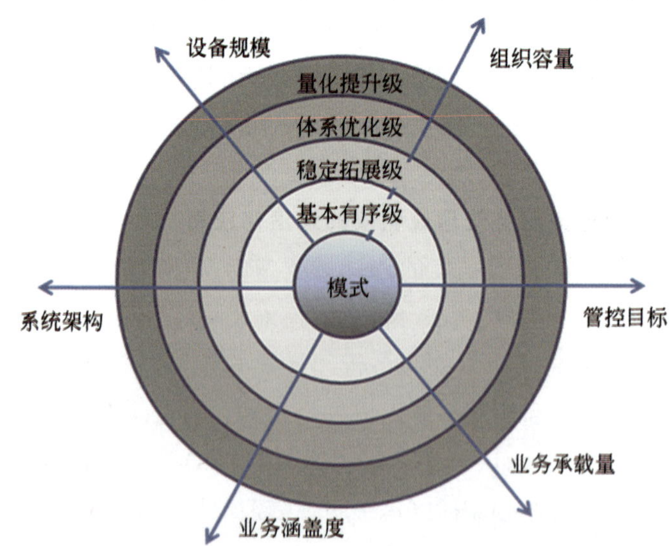

图 C-2　制播网运维成熟度层级划分示意图

基于以上分析，制播网运维服务管理定义了四个由低阶到高阶的不同成熟度层级：基本有序级、稳定拓展级、体系优化级、量化提升级。

2. 成熟度特征

制播网运维成熟度层级描述由特征和指标构成。若满足某种成熟度层级，则需要运维服务管理体系框架各模块特征和指标均达到规定要求。

基本有序级

在实际应用场景中，此层级适用于已经建设了局部制播网或者较大规模制作岛的电视台，但不适合拥有结构复杂或规模较大制播网的运维组织。对于人员主动性、工作过程固化的缺失，会引发一些资源无法充分使用和效率低下现象。在适合的环境使用该层级，直接运维成本增加小于管理和协同成本增加，需要评估其是否在可接受范围之内。

稳定拓展级

在实际应用场景中，此层级适用于已经建成全台网或者规模很大制作网的电视台，采用更加主动的方式进行运维工作，能够及时发现问题，并有节奏的进行相关的工作，可以在一定程度上规避风险事件的发生，并能对风险和安全事件做出稳妥的响应和处理。但是此层级的运维效能不高，且对运维成本的压力较大，对潜在的风险预估和预防存在缺陷，可以满足持续改进但无法形成优化能力。

体系优化级

在实际应用场景中，此层级适用于建成规模较大全台网的电视台，通过运维服务管理体系改进以及对体系核心要素的建设，可以使运维质量得到持续保障，运维成本得到优化，运维创新得到动力，运维风险得到有效控制等。但是，此层级对于运维服务管理以及运维人员有一定的管理技术要求，并且需要能够和组织的其他建设融为一体，往往需要高层管理人员的参与，其建设难度较大。同时，此层级与前面两个层级一样，更多地采用“定性”的内容建设，很多的资源运筹调度、优化依据较多依托管理活动进行，对基于精细化和数字化的运维优化支撑不足。

量化提升级

在实际应用场景中，此层级下的精细化和量化管理，可以用于组织运维工作数据共享并实现集中管理，形成运维服务管理统一准确的实时信息，实现运维工作的实时优化和预见性管理。通过精细化和数字化，可以实现使用数学(如运筹、博弈论)模型对运维服务管理工作进行优化，从而实现资源利用的最大化；有效的运维服务管理指标体系可以用于各种评测，从而提高评测的说服力，统一运维服务管理中的各方意见。此模式的建设难度巨大，并且是一个持续的过程，因此它主要适用于拥有大规模全台网且追求科学管理目标的电视台，同时也可以用于云计算模式的信息系统运维和运营。此层级的管理成本也巨大，需要进行科学的前期分析，以及评估使用基础是否稳固。

《电视台网络安全监测系统建设技术白皮书》摘要

《电视台网络安全监测系统建设技术白皮书》是配合国家新闻出版广电总局科技司,落实广电行业"十三五"规划、增强广播电视信息安全监管工作而展开的对电视台信息系统安全监测进行的研究性项目。该项目由北京电视台牵头,针对电视台网络安全监测系统建设进行进一步深化研究,形成《电视台网络安全监测系统建设技术白皮书》,对电视台网络安全监测系统建设提供规范化技术指导。

本白皮书经过"电视台网络安全监测系统建设白皮书项目组"完成初稿,并经过专家多轮讨论和修改,于 2016 年 12 月形成送审稿,提交国家新闻出版广电总局科技司,待审阅验收,于 2017 年正式发布。

一、框架规划

1. 系统定位

电视台网络安全监测系统是一个基于安全大数据的网络流量挖掘、威胁情报分析、安全事件溯源、安全态势感知、安全监测预警系统,为信息安全管理、网络风险控制、系统运行维护提供技术支持。在监测系统的规划、建设和运行过程中,需要认真贯彻"以数据为支撑，通过信息安全等级保护和网络安全监测两个维度，实现从安全态势难以掌握到可视化感知、从被动防御到主动对抗、从注重局部措施落实到聚焦全面成效获取三个转变”的中心思想，切实提升电视台信息安全保障能力。

如图 D-1 所示，电视台信息安全保障作为系统性工作，涉及安全管理、安全运维、安全监测等多方面内容，且通过交互、协同自成体系。网络安全监测系统在设计实现时应充分考虑与组织内部已有系统的互联互通，通过与系统监控、业务监控、运维管理、资源管理等系统建立数据接口，进行各类数据交互，从而完成网络安全监测、管理、运维的协同流程。

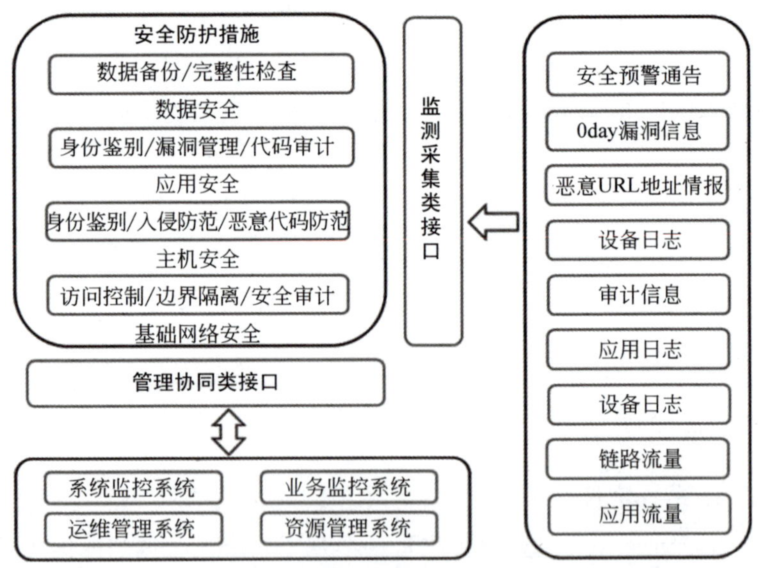

图 D-1　信息安全监控系统接口及安全防护措施

2. 规划原则

网络安全监测系统建设应遵从适用性、前瞻性、可行性三个方面的基本原则。

(1) 适用性：要适应行业监管和电视台信息安全管理的要求，要适合于广电行业高可用、不间断、高带宽、实时性、高交互、一体化的业务特点；要适合于省级以上电视台的信息安全运行管理水平要求；要具备良好的可移植性以及可扩展性，以适用于未来管理扩展升级的需要。

(2) 前瞻性：要深入理解广电行业信息化的发展方向，充分考虑信息安全技术发展变化趋势；要考虑到未来广电行业信息安全监管的工作重点，满足行业信息安全长期监管要求；要充分考虑信息安全的未来发展，适用于未来信息安全发展；在技术上要具备一定的先进性，适用于系统的扩展、扩容和可维护性。

(3) 可行性：应确保技术上的可行性，满足信息安全管理人员的核心需求，能够为安全运维管理提供有效支撑；应符合信息安全的各种标准要求与行业管理特点，具备信息安全运行管理的可实践性。

3. 设计要点

网络安全监测系统设计应以数据的采集、分析、呈现为核心能力要素，其架构采用分层方式实现，各层间通过接口或服务进行交互。系统架构应在具备高可用性的同时考虑自身安全防护，系统功能采用单元化设计，以适用于分布式部署和动态业务负载的变化，系统通过开放的服务和接口与外部系统对接以获取协同效果，以监测、运维关联视角设计相关流程，以便更好地支持管理行为，同时应尽量采用业内先进和可行的技术，减少新技术应用带来的风险。

网络安全监测系统主要为电视台信息安全管理和运维提供技术支持，应注重平台化、组件化、智能化。以网络安全监测系统为依托，结合电视台已有的运维管理、业务监控等系统，形成电视台网络安全监测运维管理一体化技术平台，从而实现感知、评估、呈现、处置的闭环管理。

4. 系统架构

电视台网络安全监测系统主要由对象层、数据层、能力层、功能层、操作层五部分构成，其中对象层主要以电视台制播业务、办公管理、新媒体应用系统中的安全设备、业务系统为监测对象；数据层汇集各类信息安全数据源；能力层包括数据采集、数据处理、数据分析、数据呈现四部分，通过对海量多维安全数据的存储、计算、分析、挖掘及可视化，为上层功能提供数据支撑；功能层通过等保合规监测、应用状态监测、威胁预警分析、安全态势评估等功能模块实现场景化的监测需求；操作层是通过用户界面实现系统的操作管理。

5. 数据类型

电视台网络安全监测系统监测的事态数据类型主要分为日志数据、流量数据和情报数据。日志数据主要包括设备日志、安全告警、审计信息及应用日志等，相较于其他数据有来源广泛、可塑性强，收集方式稳定性强、不存在数据丢失情况，分析可应用方向广等优势；日志的来源从硬件、操作系统到服务，再到程序，都可以输出日志，日志格式有标准格式与自定义格式，日志的收集方式可以通过接口调用、Agent 采集等多种方式获取。流量数据主要为组织内部各种内网、互联网流量数据，包括链路流量、应用流量、网络扫描流量、指定主机流量等，通过对流量中的数据包、会话进行深度分析，能够有效发现网络数据传输环境中的各种异常行为，通过回

溯分析快速定位安全威胁、网络应用异常的问题根源。同时，通过多维度展示网络中的流量组成、网络和应用的性能指标以及网络行为，还可以提升运维人员对网络与应用的可视化管理能力，为安全策略调整提供可信的决策依据。

6. 能力要素

电视台网络安全监测系统，从根本性质上分析应该属于数据分析服务系统，以数据为支撑，通过信息安全数据的采集、存储、处理、分析、呈现，提供对于上层应用功能的支持。为此，将上述基础性功能抽象为能力要素，形成系统架构中的能力层，源于数据、提供数据，从而在功能层贯彻动静结合、内外协同、主动应对的规划思路。

7. 运行机制

网络安全监测系统运行机制分为数据和应用两个层面。在数据层面通过充分采集流量数据、系统日志、安全日志，结合互联网安全威胁情报信息，依托海量数据挖掘、引入机器智能学习等技术，进行信息安全大数据分析，识别网络攻击、恶意代码等行为，进行风险预警，形成信息安全数据获取、处理、分析、反馈的闭环结构。在应用层面，通过以视图形式动态体现信息安全设备运行状况，全面展现安全措施，实时反映漏洞与威胁以及安全资产部署情况，同时结合事件告警、风险预警等功能，整体展现信息安全状态以及过去和未来一定时间范围内的变化走势，实现安全态势的可视化感知，为安全运维团队及时部署有针对性的安全手段提供技术支撑，从而真正实现安全事件感知、评估、呈现、处置的动态循环。

二、功能设计

网络安全监测系统主要功能可分为状态监测类功能、管理支持类功能和威胁防御类功能三部分内容。针对信息安全保障目标，状态监测类是基础性功能，以安全状态查询、获取和展示为主要目标；管理支持类是拓展性功能，以为安全管理和运维协同提供技术支持为主要目标；威胁防御类是提升性功能，以风险防御和主动对抗为主要目标。针对制播业务系统、新媒体应用系统和办公管理系统，三类功能在实现上各有侧重。

制播业务系统由于其处于业务系统纵深且安全等级定级要求较高，其更加关注系统内安全措施状态、关键业务可用性，因此在监测时应从其安全关注点出发，重点强调内部运行环境和关键应用可用性的监测，对于安全边界失效和病毒入侵等安全事件应作为重要关注事件进行报警。

新媒体应用系统主要提供公众服务(包括网站、IPTV、APP 类业务)，同时提供新媒体内容的生产制作能力支撑，此类业务由于涉及公众信息转播，因此安全等级定级较高。由于其安全关注重点是传播内容正确性，因此在进行监测时应主要针对网站和 APP 的恶意入侵和发布内容篡改。在应用状态监测功能模块设计中，应重点考虑实现网站运行状态(包括内容篡改、内容合法性的异常告警)和网站性能(包括网站文字、链接、图片、源代码、网页打开速度、DNS 解析等)监测。

办公管理系统承担连接制播业务系统和新媒体应用系统的重要功能，其特点是单个应用系统规模小、系统庞杂，系统安全等级定级较低。由于所处位置的特殊性，其安全关注点主要为外部 APT 攻击和内部运维审计。在进行状态监测设计时，应主要考虑

对内部安全基线和设备状态的监测,同时针对产生的各类安全威胁和漏洞予以重点关注。

1. 状态监测类功能

状态监测类整体属于基础性功能,主要针对电视台信息系统运行环境安全进行监测,包括设备状态监测、应用状态监测、配置状态监测、措施状态监测功能模块。其主要作用是动态实时展现组织内部信息系统关键设备、应用运行情况,监测新媒体网站和APP 运行状态,同时依托于各种安全措施和安全基线状态监测,动态反映电视台内部信息系统的安全防护状态。

设备状态监测

设备状态监测是对安全资产设备运行状态进行实时监测,自动学习生成设备运行状态基线,将当前状态与历史基线进行比对,产生告警,并通过设备拓扑视图方式展现。

应用状态监测

应用状态监测是针对各种应用状态进行实时监测,通过与历史基线或自定义基线进行比对,实现异常告警。

配置状态监测

配置状态监测是针对系统主机、网络、应用进行配置监测,通过与等级保护要求安全防护基线比对,以图形化方式动态展现系统安全防护能力。

措施状态监测

措施状态监测是分系统针对各类安全措施状态进行监测,自动学习生成标准运行基线,通过差异化分析进行异常状态告警。

2. 管理支持类功能

管理支持类整体属于拓展性功能,主要为电视台信息安全管理提供技术支撑,包括等保状态自查、安全资产管理、安全态势评估和安全运维协同功能模块。其作用是直观展现电视台内部安全态势(包括等保合规、资产规模、防护指标、安全运维等),让组织领导能够清楚组织内部信息安全建设短板,为下一步有针对性的安全建设投入提供依据。

等保状态自查

等保状态自查是以《信息安全等级保护基本要求》的控制点要求为依据,在实现等级保护控制点的采集、聚合、合规、分析的基础上,实现电视台信息系统的等级保护自查。

安全资产管理

安全资产管理是组织内部安全 CMDB 数据库,为安全管理提供基础数据支撑。其作用包括作为配置管理的对象,用于对事件的追踪(事件发生后,对攻击追溯的定位);用于访问控制规则的制定,通过资产分级确定用户访问权限;用于响应定位和工单派发;用于设备的状态监控(在地图上显示设备资产的位置和状态信息);用于统计分析(包括通过资产维度统计某时段安全事件发生数);用于事件关联分析(在安全事件管理分析中,结合设备资产属性信息进行判断)。

安全态势评估

安全态势评估是利用相关技术分析信息系统面临的威胁、漏洞、风险等多方面要素,在此基础之上进行量化分析以得到信息系统的整体安全状况。

安全运维协同

安全运维协同是通过数据接口与运维管理系统对接进行运维流程驱动,以威胁、告警、攻击等安全事件作为安全运维的触发,使监控、运维、反馈成为一个管理整体。

3. 威胁防御类功能

威胁防御类整体属于提升性功能,主要针对信息系统脆弱性

监测，动态展现各类安全威胁信息，提供信息系统安全的事件告警、威胁预警和攻击追溯能力，为安全运维提供技术支撑，主要功能模块包括漏洞补丁监测、威胁预警分析、安全事件告警、威胁攻击追溯、未知势态挖掘。

漏洞补丁监测

漏洞补丁监测是针对组织内部各类设备、业务系统的安全漏洞及补丁安装情况进行扫描监测，通过图形化展现漏洞的分布和风险情况，并通过统一配置界面实现补丁和漏洞的管理。

威胁预警分析

威胁预警分析是通过对采集和扫描到的各类安全数据进行多维度的归并、统计，结合大数据挖掘、互联网威胁情报，对信息系统面临安全威胁进行预警展现。

安全事件告警

安全事件告警是针对安全资产和业务系统的信息安全事态做出响应，其核心工作是对安全资产和业务系统中发生的安全事态进行确认是否为安全事件，包括进行转换、过滤、聚类关联分析与改进，真正有效地展现组织内部的安全告警事件，并根据预先制定的安全策略做出快速响应。

威胁攻击追溯

威胁攻击追溯是通过采集分析内部流量数据，实现对数据包的快速检测，快速发现网络异常，定位攻击源。

未知势态挖掘

未知态势挖掘是在海量多源异构的安全数据基础上，基于大数据技术、实时分析处理、威胁情报检索、机器学习等技术手段，从海量安全数据中挖掘出更多有效的安全风险与潜在威胁信息。

三、实施参考

1. 建设原则

网络安全监测系统在建设时应适应各电视台信息安全建设和发展现状，其在建设时应遵从以下原则。

从无到有、持续推进

持续推进适配技术发展变化，根据信息安全体系建设现状、台内技术发展总体规划、当前攻防对抗态势，统一规划、分步实施。

以数据分析为核心支撑

从以措施为核心，转向以数据为核心，突出新一代信息安全管理中心的技术特征。以安全大数据技术为依托，通过数据获取、处理、分析、反馈，支撑感知、评估、呈现、处置。

系统特征决定重点方向

重点适配应用系统安全需求，实现安全监测目标的同时，保证业务运转顺畅。制播网侧重边界安全、恶意代码防范；新媒体应用网络侧重应用层安全，包括网页防篡改、恶意防入侵等；办公管理系统侧重防范外部入侵和内部恶意代码。根据上述侧重，采取差异化监测策略。

措施形态适配系统架构

尽可能满足不同技术架构的需求，例如，在云平台的“平台+应用”架构下，可能需要安全虚拟机、安全资源池、SDN 控制器等新形态的安全设备及其组合，以形成新形态的安全保障措施。

功能实现适应管理目标

在充分适配应用系统安全需求，实现安全监测目标的同时，保证业务运转顺畅。电视台根据管理架构和技术资源水平等因素，按照“最适化”原则，合理决定成本投入，选择适配自身特点的监测

级别，也即选择监测的深度、广度和颗粒度。

已有安防系统充分利用

充分复用现有技术资源，在有效控制建设成本的前提下，完善、补充、升级现有信息安全体系。利用现有信息安全设备和运维管理平台采集信息安全数据，结合现有 SOC 管理平台统计分析能力，以及已有大数据系统提供的大数据分析能力。

2. 典型模式

由于各电视台信息化程度差异性较大，网络安全监测工作要充分结合电视台自身信息化发展水平、信息安全管理现状和主要关注安全问题采取不同的建设思路，有针对、有步骤地进行。在上述网络安全监测系统的功能规划中，状态监测类整体属于基础性功能，管理支持类整体属于拓展性功能，威胁防御类整体属于提升性功能，如图 D-2 所示。不同电视台可以根据自身情况，选择不同类型的实施模式进行网络安全监测系统的建设，同一电视台也可配合技术系统升级改造实际，选择递进方式从基础型持续向提升型转变。

	基础型	拓展型	提升型
状态监测类功能	●	●	●
管理支持类功能	◑	●	●
威胁防御类功能	○	◔	●
实现程度	○ ◔ ◑ ◕ ● →		

图 D-2 电视台网络安全监测典型实施模式

参 考 文 献

[1] 国家新闻出版广电总局,北京电视台. 电视台网络安全监测系统建设技术白皮书[S],2017

[2] 国家新闻出版广电总局,北京电视台. 电视台信息系统运行维护服务通用要求[S],2018

[3] 毕江. 广播电视信息系统运维能力建设指南[M]. 北京：经济科学出版社,2016

[4] 毕江. 脉络与印记——关于电视台技术体系发展的思考与探索[J]. 世界广播电视,2016(6)：20-20

[5] 毕江,陈广鑫,张伟. 北京电视台高标清兼容网络化节目制播体系综述[J]. 广播与电视技术,2013(A01)：45-48

[6] 毕江. 新形势下电视台技术体系的变革和发展[J]. 广播与电视技术,2014(8)：25-30

[7] 毕江,陈广鑫,柴焱. 电视台制播网络系统的高可靠性和智能化深入应用[J]. 广播与电视技术,2013(7)：51-52

[8] 毕江. 北京电视台智慧媒体项目技术规划随想[J]. 现代电视技术,2015(11)：27-31

[9] 毕江. 电视台信息安全工作的相关思考与尝试[J]. 广播与电视技术,2016(9)：44-51

[10] 毕江. 北京电视台数据系统建设与应用实践[J]. 现代电视技术,2016(8)：54-59

[11] 毕江. “云架构+数据核心”——关于电视台制播系统发展的思考[J]. 现代电视技术,2018(6)：88-93

[12] 刘光牛. 中国传媒全媒体发展研究报告[J]. 科技传播,2010(4)：81-87

[13] 周旭辉,章泽群,王冰. 北京电视台技术资源管理系统设计及实现[J]. 现代电视技术,2013(4)：98-103

[14] 尹亚光,施玉海.大数据对媒体融合的支撑和促进[J].广播电视信息,2015(12):12-13

[15] Chris Richardson. Introduction to Microservices[OL],https://www.nginx.com/blog/introduction-to-microservices/

[16] 李程,刘朵.北京电视台移动应用管理平台和移动应用门户 APP 的功能设计和推广.中国新闻技术工作者联合会 2018 年学术年会论文集(学术论文篇)[C],2018

[17] 宁金辉、张乾、王惠明.4K 超高清标准和测试研究[J].广播与电视技术,2015(12):50-55